danzig & un

GREYHOUND EDITION, VOL. I
EDITED BY IRINA BRANTNER

Stalin's funeral in our country, oddly enough, has not yet taken place. That's why this witty, well-constructed play by Artur Solomonov is, alas, so relevant. And although it shows how one contemporary theatre company ventured to bury Stalinism and failed, the play allows you to enjoy the carnival illusion of the possibility of that funeral. By the way, Artur knows Russian repertory theatre very well, and this gives rise to an additional joy – the joy of recognition.

— Kirill Serebrennikov, theatre and film director

Given the situation in Russia – and in other countries as well – Artur Solomonov's Stalin play is surely one of the most important works of our time.

— John J. Hanlon, New Russian Drama translator

Artur Solomonov

Wie wir Josef Stalin beerdigten
Ein Theaterstück über die Kunst, sich zu verbiegen und über Unsterblichkeit

Übersetzt von Katja Kollmann und Konstantin Krautgasser

How We Buried Josef Stalin
A play about flexibility and immortality
Translated by John J. Hanlon

Как мы хоронили Иосифа Виссарионовича
Пьеса о гибкости и бессмертии

danzig & unfried

Gefördert von der Stadt Wien Kultur, Literatur

Bibliographische Information der Deutschen Nationalbibliothek: Die Deutsche Nationalbibliothek verzeichnet diese Publikation in der Deutschen Nationalbibliographie. Detaillierte Informationen sind über http://dnb.d-nb.de abrufbar.

© danzig & unfried, Wien, 2022
www.danzigunfried.com
Gesamtherstellung: danzig & unfried | content design
Coverbild: Spornikov Boris Alexandrovich, 1987
Autorenfoto: Marat Mulliev

ISBN 978-3-902752-82-6

Wie wir Josef Stalin beerdigten[I]
Ein Theaterstück über die Kunst, sich zu verbiegen und über Unsterblichkeit

Übersetzt von Katja Kollmann und Konstantin Krautgasser

Figuren

Waldemar Arkadjewitsch, Regisseur des Stücks, Darsteller des alten Stalin

Valja / Valentina, engste Assistentin von Waldemar Arkadjewitsch, Darstellerin der Krankenschwester des alten Stalin und der Mutter des jungen Stalin

Terenti Gribs, Autor des Stücks und Darsteller des Arztes des Genossen Stalin

Schauspieler in den Rollen von Lenin, Beria[2], Chruschtschow und der Wachen

Ein Mann aus dem Ministerium

Junger Schauspieler, Darsteller des jungen Stalin

Kulturminister in Form von zwei Telegrammen

Präsident in Form eines Hustens auf der Bühne

Die Pressevorführung des Theaterstücks über Josef Stalin beginnt.

Erste Szene. Die Wachen während der Nachtschicht

Stalins Datscha[3] in Kunzewo.

Erste Wache. Das kann nicht sein.

Zweite Wache. Ich schwör's.

Erster. Unmöglich!

Zweiter. Ich kann es beschwören! Er hat es selbst gesagt.

Erster. Zu dir?

Zweiter. Es ist kalt wie im Januar. Warum ist es so kalt? Mir scheint, die Kälte kommt von dort. (*Er zeigt auf das Haus.*)

Erster. Dir scheint ziemlich oft was in den letzten Tagen. Es wird Zeit dich abzuknallen.

Zweiter (*spricht plötzlich stockend und aufgeregt*). Weißt du eigentlich, dass er es gar nicht mag, wenn man so plötzlich vor ihm steht? Deshalb hab ich, als ich gestern zu ihm gegangen bin, getrötet und mit den Füßen gestampft wie ein Elefant, eigentlich wie eine ganze Herde ...

Erster. Du bist nicht ganz bei Trost, verdammter Idiot! Du bist echt übergeschnappt!

Zweiter. ... wie eine Elefantenherde, damit er schon im Voraus weiß, dass ich komme, damit er mich von Weitem hört, damit er mich nicht wieder so anschreit wie damals ...

Erster. Damals, als du vor lauter Angst eingenässt hast? Wie er da gelacht hat! Nur er konnte lachen, als er dich so sah. Ein anderer hätte so einen Wachmann an Ort und Stelle erschossen.

Zweiter. Wie – ein anderer?

Erster. Na, ich zum Beispiel. Aber es gibt natürlich keinen anderen ...

Zweiter. Was ist das für ein Beispiel? Was nutzt uns so ein Beispiel?

Erster. Ich habe das so nicht ... gesagt. Willst du mich verleumden? Mich, eine Wache des Genossen Stalin?

Zweiter. Ist schon möglich, dass ich damals eingenässt habe ...

Erster. Möglich?!

Zweiter. Und weißt du, warum? Nicht weil er geschrien hat, nicht deswegen! Als ich damals so plötzlich zu ihm hingegangen bin, da hat er sich auf einmal vom Tisch erhoben – aber gleich um einige Meter nach oben – und dann schwebte er schweigend, leise und sanft auf mich zu ...

Erster. Was schwafelst du da! Provokateur!

Pause.

Erster. Na, wie geht es deiner Frau und deinen Kindern?

Zweiter. Alles beim Alten. Meine Frau ist tagsüber auf Arbeit, abends ist sie bei mir und den Kindern. Seit Natascha zum Hauswirtschaftsunterricht geht, hat sie einen Traum. Ich möchte Köchin werden, wenn ich groß bin, sagt sie. Und Petja will Ethnograf werden.

Erster. Was ist das für ein Kind, das Ethnograf werden will? Weißt du überhaupt, was das ist: ein Ethnograf?

Zweiter. Petja hat es mir erklärt. Dafür habe ich ihm eins mit dem

Gürtel übergezogen – mit diesem hier, der mit dem Stern. Da hat er sich beruhigt. Aber dann sagt er wieder: Ein Forscher bin ich, ein Ethnograf. Die fremden Völker finde ich aufregend. Ich liebe sie – und aus. Und wieder bekam er eins über mit dem Gürtel mit dem Stern. Er hat es tapfer ertragen – ohne das leiseste Gewinsel. Nicht einmal berührt hat er die fünfzackigen Wunden. Anscheinend wächst hier ein Held heran ... Ich habe seine Wunden dann mit Spitzwegerich[4] behandelt ...

Erster. Warst du mit ihm beim Arzt?

Zweiter. Bei was für einem Arzt denn?! Genosse Stalin vertraut den Ärzten nicht. Also vertraue ich den Ärzten auch nicht. Genosse Stalin hat befohlen, seine Patientenakten zu verbrennen. So habe auch ich meine verbrannt und die meiner Kinder, obwohl diese ganz dünn waren, sie hatten eigentlich nur drei Absätze. Genosse Stalin hat übrigens befohlen, dass sein Leibarzt Winogradow verhaftet werden soll ...

Erster. Jetzt erzählt er gleich die ganze Geschichte!

Zweiter. Er hat angeordnet: »Unbedingt fesseln! Sofort! In seinem Sprechzimmer!«

Erster. Das hab ich dir doch erzählt!

Zweiter. Genau. Und jetzt sagst du mir – bring deinen Sohn zum Arzt. Die sind doch alle gefesselt. Solchen Leuten vertrau' ich nicht.

Pause. Plötzlich beginnt der Zweite wiederum in einem aufgeregten Ton zu sprechen.

Zweiter. Und dieser Satz: »Beschütze und herrsche«? Warum hat er das zu mir gesagt? An diesem Donnerstag, als du zu spät beim Appell warst ...

Erster. Du warst doch an dem einen Donnerstag zu spät beim Appell! Du! Du bist echt nicht zum Aushalten!

Zweiter. Hat er nach mir verlangt. Also gehe ich hin und stampfe wie eine Elefantenherde. Aber er hatte mich doch selbst gerufen, deswegen hat er so mit der Hand gemacht – pst, geh leiser. Und deshalb bin ich zu ihm, ohne zu stampfen.

Erster. Ganz ohne stampfen also? Du Missgeburt!

Zweiter. Da liegt auf dem Tisch so ein Papier, so ein ganz schmales Stück Papier. Er zeigt es mir, und da steht in seiner Handschrift: »Den Sieg erringt am Ende doch nur der Tod.«

Erster. Jaja. Ich erinnere mich, ich hab's auch gesehen. Zufällig.

Zweiter. Warum wundert dich dann, dass er gestern zu mir gesagt hat, er hat Lenin gesehen?

Erster. Weil ... du verstehst doch selbst warum!

Zweiter. Weil wenn Genosse Stalin ...

Erster. Gespenster sieht ...

Zweiter. Ist Genosse Lenin etwa ein Gespenst?

Erster. Nein! Du bist wirklich nicht ganz bei Trost, du verdammter Idiot! Lenin kann doch gar nicht lebendig gewesen sein, als er zu ihm gekommen ist?!

Zweiter. Das heißt also – er ist ein Gespenst?

Erster (*fast weinend*). Der Teufel soll dich holen!

Zweiter. Du bist also der Meinung, dass Genosse Stalin lügt?

Erster. Das hast du jetzt gesagt. Und ich hab das nicht gehört.

Pause

Erster. Aber wir haben Lenin doch im Mausoleum gesehen. Wir waren zusammen dort. Er liegt da die ganze Zeit rum. Weil Tote eben nicht einfach so aufstehen können.

Zweiter. Aber er liegt doch nicht unter der Erde. Und er ... er hat auch noch alles – Arme, Beine, alles eben ...

Erster. Tote können nicht einfach aufstehen und rumlaufen! Kapiert?!

Zweiter. Auch nicht dem Genossen Stalin zuliebe? Und wenn das ein ganz privater Besuch war?

Pause

Erster. Also? Was ist jetzt mit Lenin?

Zweiter. Genosse Stalin hat gesagt, dass der Geist Lenins schrecklich geflucht hat. Und dann hat er zu Stalin gesagt: »Koba, ich habe dir ein großes Reich hinterlassen, und du hast es total versaut.«

Erster. Jetzt reicht's! Ich knall dich ab!

Zweiter (*in halbverrückter Entzückung*). Und Genosse Stalin sagt: »Wie total versaut? Die Grenzen sind befestigt, das Land ist riesig, die Leute gehorchen, die Speicher sind voll, die Gebäude berühren den Himmel, und alle Seelen glauben – an dich, den Vater, an mich, den Sohn und an ein proletarisches Paradies, in das es Hunderte Millionen glücklicher Menschen zieht.«

Erster. Und?

Zweiter. Wie und?

Erster. Was ist jetzt mit Lenin?

Zweiter. Du, sagt er zum Genossen Stalin, wirst auch bald eine Leiche sein. So wie ich eine bin. Das bedeutet, du hast wirklich alles total versaut, was ich dir hinterlassen habe. Denn sobald sich ein Herrscher in ein Stück kaltes Fleisch mit zwei Beinen, zwei Armen und einem Kopf verwandelt – was für ein Herrscher ist er dann noch?

Erster *(richtet sein Gewehr auf den Zweiten)*. Bist du bereit? Jetzt wirst du zu einem Stück Fleisch, und alle werden sagen – was für eine Wache ist das denn?

Zweiter. Und dich wird man sofort erschießen, weil du Stalins Wache umgebracht hast. Bleib einfach hier stehen und gehorche.

Erster. Ich kann nicht mehr.

Zweiter. Pst!

Josef Stalin nähert sich ihnen. Unter der Theaterschminke erkennt man das Gesicht des Regisseurs Waldemar Arkadjewitsch. Ohne ihnen Aufmerksamkeit zu schenken rezitiert Stalin ein Gedicht[5]:

Josef Stalin. Er ging von Haus zu Haus,
Klopfte an fremde Türen,
Die Laute von Eiche geboren,
Sang ein einfaches Lied.

In diesem, seinem Gesang –
Rein wie ein Strahl der Sonne,
Tönte gewaltige Wahrheit,
Klang ein erhabener Traum.

Herzen, geworden zu Stein,
zwang er wieder zu schlagen,
er weckte die weise Vernunft,
wo Finsternis alles umgab.

Statt der Herrlichkeit Ruhm
wartete auf den Geschmähten
ein vom Volk seines Landes
mit Vorsatz vergifteter Kelch.

Die Botschaft: »Verfluchter,
trink aus den ganzen Kelch …

Fremd ist uns dein Lied,
Nichts uns deine Wahrheit!«
Er geht ab.

Zweiter. Mach mich kalt. Mir ist irgendwie unheimlich.
Erster. Jetzt mach mal halblang. Soll ich hier etwa alleine zurückbleiben?
Zweiter. Geh doch zur Außen-Wache. Die behandeln dich bestimmt gut.
Pause.
Erster. Ist das Gedicht von ihm?
Zweiter. Ja, er hat es in seiner Jugend geschrieben ... Was bist du überhaupt für einer ... Hast du das Gedicht nicht in der Schule gelernt? Auf welcher Schule warst du eigentlich?
Ein dumpfer Schlag ist zu hören.
Erster. Ist er hingefallen?
Zweiter. Irgendetwas ist runtergefallen.
Erster. Geh, sieh nach.
Wieder ist ein dumpfer Schlag zu hören.
Erster. Er kann doch nicht zweimal hinfallen? Wenn er doch schon hingefallen ist?
Zweiter. Und wenn ihm Genosse ... Lenin an den Kragen gegangen ist ...
Erster. Halt die Klappe! Ekel, Trotzkist, tollwütiger Hund, Schlange ...
Zweiter. Sollen wir einen Arzt holen? Winogradow? Aus dem Gefängnis?
Erster. Verdammter Idiot!
Zweiter. Los, zu Valja! Wir müssen Valja wecken! Wenn es ein Fehlalarm ist, wird er ihr den Kopf schon nicht abreißen, sie wird verschont ...
Sie gehen schnellen Schrittes zu Valja, stecken sich gegenseitig mit ihrer Angst an und laufen davon.

Zweite Szene. »Ein halbfertiges Produkt«

Nach einigen Sekunden kehren die Wachen mit dem Regisseur, der Stalin spielte, zurück. Applaus ist zu hören, Blitzlichtgewitter. Der Regisseur gibt einer der Schauspieler-Wachen seine Pfeife, dieser nimmt sie vorsichtig in die Hand. Der anderen Wache reicht er seinen weißen Generalissimus-Mantel und tritt in schwarzem Rollkragenpullover und weißer Hose ans Mikrofon.

Stalin. Wir haben Ihnen nun, werte Journalisten und Gäste, die erste Szene unserer Inszenierung über Josef Stalin gezeigt. Dem Theater ist bewusst, dass es sich mit dieser Inszenierung in ein Wespennest setzen wird, so aufgeheizt wie das gesellschaftliche Klima inzwischen ist. Am besten wäre also, dieses Thema gar nicht anzutasten. Da man sich zwangsläufig ins Kreuzfeuer begibt. Denn niemand wird mit diesem Theaterstück wirklich zufrieden sein – nicht die Stalinisten, auch nicht die Antistalinisten, bestimmt nicht die Konservativen, aber auch nicht die Liberalen ... Wir aber nehmen die Herausforderung der Geschichte an. Wir verstehen ... Aber besser – ich übergebe das Wort an den Autor, an Terenti Gribs. Denn seine Aufgabe ist es, die richtigen Worte zu finden. Unsere Aufgabe ist zu spielen.

Aus der Tiefe der Bühne taucht Terenti auf.

Terenti. Ich kann Waldemar Arkadjewitsch nur zustimmen: Alle werden verärgert sein, aber darauf sind wir vorbereitet. Es ist ja so, dass zurzeit niemand so recht versteht, woran wir glauben und welchen Weg wir einschlagen, und deshalb wird alles für unantastbar erklärt: die Sowjetunion genauso wie das Zarenreich, der Zar, aber auch die Zarenmörder, die Kirche, aber eben auch diejenigen, die die Gotteshäuser zerstört haben. Das wiederum ist nur scheinbar ein Paradox und sehr leicht aufzuklären: Diejenigen, die gerade an der Macht sind, haben per se Recht – unabhängig davon, wie sie sich positionieren und erst recht unabhängig davon, welche Entscheidungen sie treffen. Folgerichtig ist stets richtig gehandelt worden. 1905, 1917, auch 1937 – ja, in all den Jahren ... Viele Krisen erschüttern unser Land. Die schwerwiegendste zeigt sich meiner Meinung nach darin, dass unsere Gesellschaft im Übermaß »sakrosankte Bedeutsamkeit« generiert. Unter dieses Verdikt fällt leider auch Josef Stalin ...

Lärm im Publikum, ein Mann vom Kulturministerium betritt die Bühne.

Mann vom Ministerium. Der Minister bedauert, dass er nicht zur Voraufführung kommen konnte. Stattdessen sendet er ein Grußtelegramm: (*Er nimmt es aus seiner Aktentasche und liest vor.*) »Ich danke dem Theater dafür, dass es unserem historischen Trauma ein Fünkchen Wahrheit hinzufügt.« (*Applaus.*) Und, wie üblich, ein Orden. (*Unter tosendem Beifall streckt der Regisseur müde seine Brust nach vorne, der Mann aus dem Ministerium bringt den Orden an und verlässt die Bühne.*)

Stalin. Ich danke dem Minister für seine Unterstützung. Im Moment ist es am wichtigsten, ein Kunstwerk zu schaffen, dem Ehrfurcht und andächtiges Erschaudern fremd ist. Denn Ehrfurcht gibt es in diesem Land mehr als genug – in der Kunst sowie im richtigen Leben. Ich freue mich, dass der Minister zusammen mit uns an die reinigende Kraft des Lachens glaubt. Natürlich wird unser Lachen tiefsinnig und präzise sein. Es wird bitter sein. Es ist nicht das Lachen einer Karikatur. Es ist das Lachen einer tragischen Farce. Es soll uns helfen, uns loszulösen vom Schatten, der seit fast einem Jahrhundert über unserem Land hängt. So kann die Heilung beginnen, und mit ihr einher geht die Befreiung. Eigentlich lehne ich Pathos ab. Aber im Grunde meines Herzens hege ich den Wunsch, dass diese Inszenierung der Auftakt zu einem grandiosen Begräbnis sein wird. Damit wir den Stalinismus endgültig beerdigen.

Der Mann aus dem Ministerium stürmt erneut auf die Bühne. Er ist aufgeregt.

Stalin. Was? Schon wieder ein Orden? Meiner Meinung nach reicht es für heute.

Mann aus dem Ministerium. Großartige Neuigkeiten! Der Minister hat angerufen! Er hat dem Präsidenten erzählt, dass Sie gerade Auszüge des Stücks vor Publikum spielen ... da hat sich der Präsident beklagt: Es ist wirklich schade, dass man nicht an mich gedacht hat ...

Stalin. Wir ... Wir hatten gar nicht damit gerechnet ... wir wären nie auf die Idee gekommen.

Mann aus dem Ministerium. Der Präsident versteht alles! Und darum hat er gesagt: »Ich verstehe sehr gut, dass ich einzig aus Bescheidenheit nicht eingeladen worden bin. Denn Waldemar Arkadjewitsch wird sich wohl kaum herausnehmen, mich einfach so zu übergehen«.

Stalin (*grinst brav*). Wie kann der Kaiser auf der Bühne des kaiserlichen Theaters übergangen werden? Für die Premiere reservieren wir dem Präsidenten selbstverständlich die Zarenloge ...

Mann aus dem Ministerium. Er möchte aber jetzt zuschauen!

Stalin. Wie soll ich das verstehen?

Mann aus dem Ministerium. Im Moment speist der Präsident mit dem Kulturminister. Der Präsident weiß, dass der Anfang bereits gezeigt wurde. Er würde sich freuen, wenn Sie es möglich machen könnten, ihm, während er speist, die nächste Szene zu präsentieren. Etwa dreißig Minuten. Möglicherweise sogar weniger. Kurz vor Ende des Mittagessens geben wir Ihnen ein Zeichen.

Stalin. Wie kann er uns denn sehen?

Mann aus dem Ministerium. Machen Sie sich darüber keine Sorgen. Die Übertragung läuft schon seit fünf Minuten. Der Präsident sagte: Ich finde es spannend, mal zu schauen, wie man sich im Theater daran macht, meinen Vorgänger darzustellen.

Stalin (*hebt seinen Kopf*). Guten Appetit, Herr Präsident!

Mann aus dem Ministerium. Er kann nicht antworten, aber er hört und sieht Sie.

Stalin. Was seinen Vorgänger betrifft ... (*Er spricht vorsichtig lächelnd Richtung Publikum.*) ist der Humor unseres Präsidenten wirklich unübertroffen.

Mann aus dem Ministerium (*zeigt auf die Uhr*). Es wird schon seit geraumer Zeit gespeist. Fangen Sie an!

Stalin. Uns ehrt diese Aufmerksamkeit sehr, aber es handelt sich hier um ein derzeit noch unfertiges Produkt. Es ist sozusagen ein erst halbfertiges Fabrikat. Wir würden gerne ...

Mann aus dem Ministerium. Ich traue meinen Ohren nicht! Sie wollen dem Präsidenten diese Bitte abschlagen? Waldemar Arkadjewitsch. Ihnen wird so viel Aufmerksamkeit zu teil. Mir ist das so peinlich – schon zum zweiten Mal ...

Stalin. Warum abschlagen? Das Wort haben Sie verwendet! Ich wollte nur zu unserer Rechtfertigung ...

Mann aus dem Ministerium. Er versteht alles, wirklich alles. Er liebt das Theater und weiß, inwieweit sich eine Probe von einer Premiere unterscheidet.

Stalin. Wir haben für die nächste Szene aber nicht genügend Schauspieler. Es sind zwei zu wenig!

Mann aus dem Ministerium. Sie wollen also die Geduld des Präsidenten auf die Probe stellen?

Stalin. Soll ich vielleicht die Maskenbildner fragen, ob sie spielen wollen. Oder die Bühnentechniker?

Mann aus dem Ministerium (*Sein Telefon klingelt. Er antwortet ängstlich und voller Ehrfurcht*). Der erste Gang wurde serviert. Waldemar Arkadjewitsch, haben Sie uns verstanden? Serviert. Der. Erste. Gang.

Stalin. Verstanden! ... (*wendet sich an Terenti*). Den Text kennst du ja. Ich ernenne dich hiermit zum Arzt des Genossen Stalin.

Terenti. Aber ich ...

Stalin. Terenti. Hast du uns verstanden?

Terenti. Ja.

Stalin. Und den zweiten Arzt ... Wer spielt den zweiten Arzt?

Das Telefon klingelt erneut.

Mann aus dem Ministerium (*nach einer Pause im Flüsterton*). Herr Präsident. Ja ... Oh, ja. Ja, ja ... Wie kann ich die Situation nur retten ... (*mit Entsetzen*) Der zweite Gang wird gleich serviert?! Ich bin einfallsreich, ja ... und unternehmungslustig ... Aber ich verstehe immer noch nicht ganz ... Wie selber spielen? Ich bin doch kein ... Ein richtiger Schauspieler? Ich?

Stalin. Hören Sie auf den Präsidenten.

Mann aus dem Ministerium (*ins Telefon*). Zu Befehl. (*Er steckt sein Telefon in die Jackentasche.*) Die momentane Lage die Voraufführung betreffend stellt sich folgendermaßen dar ...

Stalin. Wir haben die momentane Lage begriffen. (*Er gibt ihm ein Blatt mit seinem Text.*) Sie haben nur wenig Text. Ihre Aufgabe: Sie zittern. Das schaffen Sie, da bin ich mir sicher ... Herr Präsident, urteilen Sie nicht zu streng. (*Er geht ab.*)

Dritte Szene. Der Puls des Genossen Stalin

Das Kreml-Gefolge und Valentina (Freundin und Krankenschwester des Vaters der Völker) versammeln sich um Stalin, der auf einem Sofa liegt und reglos auf einen Punkt starrt.

Chruschtschow (*flüsternd*). Wohin starrt er?

Beria. Was sieht er?

Chruschtschow. Worauf zeigt er?

Sie schauen in die Richtung, in die er zeigt, nach links oben.

Beria. Siehst du was?

Chruschtschow. Nix.

Beria. Ich seh' auch nix. Aber er – er sieht was! Und so war das schon immer!

Beria und Chruschtschow fallen auf die Knie und kriechen zu Stalins Hand, Beria ist schneller als Chruschtschow. Er beginnt Stalins Hand ungestüm zu küssen.

Zwei Ärzte treten auf. Dies sind der zitternde Terenti und der Mann aus dem Ministerium. Ihr Auftreten ändert nichts am Verhalten von Beria.

Erster Arzt. Wir müssen ihn umziehen den Ge ... Ge ... Ge ...

Zweiter Arzt. ...nossen Stalin

Erster Arzt. Wir müssen ihn nochmal untersu ... su ... su ...

Zweiter Arzt. ...chen.

Chruschtschow (*sieht Beria an, der kurz vor der Ohnmacht steht*). Ich denke, wir sollten uns auf den wohlbekannten Händedruck unter Genossen beschränken.

Chruschtschow nähert sich der anderen Hand des Sowjetführers und schüttelt sie seufzend mit tiefer Hingabe. Das Gefolge teilt sich auf: die eine Hälfte nähert sich der Hand zum Küssen, die andere Hälfte der Hand zum Händedruck. Nur Valja bleibt dem widersprüchlichen Ritual fern – sie steht in der Ecke und schluchzt.

Chruschtschow (*zu den Ärzten*). Was für feuchte Handflächen er hat! Was bedeutet das?

Erster Arzt. Palmares Schwitzen kann mehrere Gründe haben ... Der erste wäre ...

Zweiter Arzt. Zuerst müssen wir ihn umziehen und untersuchen. Wir sind hier zum ersten Mal! (*leise zum ersten Arzt*) Nur ich mache hier den Mund auf, du versuchst es erst gar nicht, das befehle ich dir, ich flehe dich an ...

Chruschtschow (*zu Beria, der sich – vom Küssen ein wenig benebelt – endlich von Stalins Hand löst*). Denkst du wirklich, das hat ihm gefallen?

Beria. Ich konnte nicht anders ...

Valentina. Er hat alles, aber auch alles begriffen. Gestern sagt er zu mir: »Siehst du, Valentina, wie die Sonne untergeht? Am Frühlingsanfang sieht man in Moskau die Sonne so selten.« (*Blickwechsel im Gefolge.*) Ach, Ihr versteht nichts! (*Sie beginnt wieder zu schluchzen.*)

Erster Arzt. Wir könnten seinen Puls fühlen?

Der erste Arzt nähert sich Stalin und nimmt dessen rechte Hand. Der Arzt aber zittert dermaßen, dass er ständig die Hand des Sowjetführers

*fallen lässt und totenbleich immer neu zu zählen beginnt. Stalin hebt
die linke Hand. Es scheint, als zeige er in die Richtung, in die er vorher
so stur gestarrt hat. Alle schauen wie gebannt in die Leere und hoffen,
ein Zeichen oder zumindest irgendetwas zu erkennen, was die Aufmerksamkeit des Generalissimus fesselt. Geflüster ist zu hören:* »Wohin zeigt
er?« – »Worauf zeigt er?« – »Ich sehe nichts!« – »Ich sehe was!« – »Was?«
– »Schau selber hin.« – »Ich sehe nichts! Ich erschieße meinen Augenarzt,
den Bastard!«
Die Wachen flüstern: »Ärztegesindel, sogar die Augenärzte!« – »Ganz besonders die Augenärzte! Die können einem die Sehschärfe trüben.« – »In
diesem Fall definitiv die politische.«
Einer aus dem Gefolge: »Kann einer die Wachen dazu bringen, die Klappe zu halten?«
In diesem Moment erscheint ein weiterer Stalin. Niemand bemerkt ihn.

Stalin. Ha. Wohin ich gezeigt habe? Nirgendwohin habe ich gezeigt.
Allen wollte ich an die Gurgel – schön der Reihe nach. Mein Herz
erstickt vor lauter Kummer, dass ich das nicht geschafft habe – alle
der Reihe nach umzubringen. Aber dann war es mir plötzlich egal.
(Die Hand des ersten Stalin sinkt zurück.) Denn meine Füße waren
bis zu den Knien kalt. Also wollte ich befehlen, dass man sie zude-
cken soll. Aber meine Zunge gehorchte mir nicht. Ich konnte nicht
einmal den Mund aufmachen. Ich schaffte es einfach nicht. Den
Mund. Zu öffnen. Mich hat verblüfft, dass die zwei zusammenge-
wachsenen Zehen am rechten Fuß sofort kalt wurden. Mit dem
Wunder war es also vorbei. Selbst in der Verbannung in Sibirien,
als es unvorstellbar kalt war, mein Körper kaum noch atmete, und
er wie ein Stück Eis den Wind kaum mehr spürte, sogar dort war
den beiden kleinen Helden nicht kalt. Sie haben nie gefroren! Sie
haben dem Winter in Petrograd genauso getrotzt wie dem Drei-
königsfrost in Moskau. Nirgendwo war ihnen kalt! Und hier in der
warmen Datscha – ich habe einen ausgezeichneten Heizer; aber
wie lange hat es immer gedauert, bis ich den für mich richtigen
ausgewählt hatte! – hier in der warmen Datscha zu Frühlingsbe-
ginn, haben die Zehen als erstes das verräterische Signal ausgesen-
det: »Uns ist kalt! Pack uns warm ein!« Also ist das Wunder vorbei.
*(Er zündet sich eine Zigarette an, setzt sich und betrachtet mit grimmi-
ger Heiterkeit die Hektik, die in unmittelbarer Nähe seines Körpers ent-
steht.)* Jetzt können sie kommen. *(Pause)* Und – niemand kommt.

Nicht einmal Lenin, regelmäßiger Gast meiner Sinnestäuschungen, will mir kurz vor dem Tod als Halluzination erscheinen ...
Auf der Bühne ist ein gewaltiges, heiseres Husten zu hören.
Chruschtschow. Gesundheit, Herr Präsident!
Stalin *(wütend).* Halten Sie sich an Ihren Text!
Betriebsamkeit im Saal.
Erster Arzt. Wir müssen ...
Zweiter Arzt *(unterbricht den ersten).* ... dem Genossen Stalin Blutegel anlegen.
Erste Arzt. Acht ...
Zweiter Arzt. ... hinter jedem Ohr ...
Sie fangen damit an. Valja schluchzt immer stärker.
Stalin. Acht hinter jedem Ohr ... Diese Blutegel haben sich an die Arbeit gemacht – für das Wohl der Partei und des Volkes. Es ging mir aber nicht besser, und die 16 winzigen Balgen, acht hinter dem linken und acht hinter dem rechten Ohr, saugten sich vor den Augen der Kampfgenossen mit meinem Blut voll. Und so weiden wir Genossen uns aneinander, ich spüre den Geruch ihrer Angst – sie haben Angst vor mir, voreinander und vor sich selbst. Sie sind ratlos wie Schauspieler, die man ohne Text auf die Bühne zwingt. Was tun? Wenn das Schweigen zu lang dauert? Und wenn reden unangemessen ist? Alles kann den Tod bringen – das Wort, aber auch das Schweigen ...
Plötzlich hält er inne und geht zum Beamten aus dem Ministerium, der den Arzt spielt.
Stalin. Sollen wir fortfahren? Hat der Präsident sein Mittagessen immer noch nicht beendet?
Mann aus dem Ministerium. Nach ... nach meinen Berechnungen ... wenn ... wenn ich auf meine Erfahrung zurückgreife ... müsste jetzt das Dessert serviert werden. Wir sollten weiterspielen. Man wird uns ein Zeichen geben.
Stalin entfernt sich vom Mann aus dem Ministerium.

Vierte Szene. »Es wächst sein Bärtchen – zu unserer Freude«.

Lenin erscheint.
Lenin. Feuriger Kolchisier[6]! Wunderbarer Georgier!

Stalin. Wladimir Iljitsch Lenin! Ich habe auf Sie gewartet! Ich grüße Sie und wünsche Ihnen Gesundheit.

Lenin. Dass wir uns gegenseitig Gesundheit wünschen, ist töricht.

Stalin. Weil es dafür schon zu spät ist?

Lenin. Bei mir auf jeden Fall. Bei Ihnen ...

Stalin *(fühlt seinen Puls)*. Sieht so aus, als wäre ich noch am Leben.

Lenin *(deutet auf die Gruppe der Kampfgefährten, die sich um Stalins Körper versammelt hat)*. Wenn bei Ihnen der Puls nicht mehr schlägt, dann wird man Sie neben mich legen ...

Stalin. Direkt neben Sie?

Lenin. Jetzt wird's lustiger, mir ist immer so todlangweilig im Mausoleum ... Die kommen, die starren mich an, und die schweigen die ganze Zeit ... Diese Stille ist furchtbar und nicht zu bezwingen. Vor drei Jahren kam eine Fliege reingeflogen, ich hab mich so gefreut! Wenn ich gekonnt hätte, hätte ich sie stehend willkommen geheißen. Aber sie haben sie getötet und das Mausoleum während der Jagd zugesperrt. Ein Leutnant und zwei Majore wurden zur Verfolgungsjagd des geflügelten Biests abgestellt. Sahen aus wie drei Zirkusartisten. Ich hab mich dann noch neun Tage lang an diese wunderbare Szene erinnert, hab dabei geschmunzelt, heimlich natürlich. So schaut's aus ... Tatsächlich juckt mich der Bart an der Unterlippe, denn die rasieren mich fast nie. Alle sind total begeistert – oh, sein Bärtchen wächst, oh, seit dreißig Jahren ist er schon tot, aber er lässt sein Bärtchen wachsen, um uns eine Freude zu machen. Gedenkt unser Liebster, unser Teuerster vielleicht von den Toten aufzuerstehen?

Ein Schlag ist zu hören.

Beria *(zischt und zittert vor Wut)*. Was haben Sie angerichtet? Sie haben das Gebiss des Genossen Stalin fallen lassen!

Erster Arzt. Wir mussten die Mundhöhle freimachen ...

Zweiter Arzt. Es war keine Absicht, er ist voller Ehrfurcht ...

Erster Arzt. Was heißt hier – er? Du hast es fallen lassen ...

Zweiter Arzt. Ich habe mich also selber mit dem Ellbogen gestoßen?

Erster Arzt. Ich hatte noch nie Ellenbogen ...

Zweiter Arzt. Was treibst du denn für ein Spiel? Ah! ... So willst du also an meine Professur kommen.

Der erste Arzt fällt auf die Knie.

Erster Arzt. Er spricht im Fieber. Wir werden es sühnen!

Der zweite Arzt fällt auf die Knie.

Zweiter Arzt. Ich spreche im Fieber. Wir werden es sühnen!

Beria. Ich schicke euch zum Tribunal! Alle beide!

Stalin und Lenin lachen, allerdings ist Stalins Lachen voller Bitterkeit.

Stalin. Sie haben das Gebiss des Genossen Stalin fallen lassen ... weil sie die Mundhöhle frei machen wollten ... Das ist ja stärker als Goethes Faust ...

Lenin. Und Sie haben wirklich nicht gedacht, dass Sie eines Tages neben mir liegen würden? Dass uns eine gemeinsame Ewigkeit bevorsteht?

Stalin. Doch ... Als ich das Mausoleum besucht habe ... Das ist also die Unsterblichkeit?

Lenin. Eine miserable ... So ist das eben. Sie werden Schlange stehen, um uns zu sehen! Kommunisten aus Thailand, Frankreich, Bangladesch, Deutschland ... Aus der ganzen Welt wird sich ein mächtiger kommunistischer Strom zu uns drängen, und wir werden nebeneinander liegen und leeeeeise, leeeeeise miteinander plaudern ... Ich hab da etliche Vergnügungen vor Ort, zeige ich Ihnen bei Zeiten ...

Stalin. Vergnügungen?

Lenin. Zeig ich Ihnen! Versprochen!

Stalin. Und wenn mich der Tod nicht akzeptiert? Wenn man mich hier jahrelang liegen lässt? Und mich *ihrem* Gespött und *ihren* Schmähungen ausliefert! ...

Lenin. Darüber machen Sie sich mal keine Sorgen. Der Tod kommt zu Ihnen. Schon im Morgengrauen. Das kann ich Ihnen versichern. *(Er gibt ihm das Rasierzeug.)* In der Zwischenzeit ... Sie ... verstehen, worum ich Sie bitte? *(Stalin nimmt das Rasiermesser und beginnt, Lenins Bart zu rasieren.)* Ja! Großartig! Wie damals im Oktober 1917! ... Damit ich endlich lachen kann, ohne dass es mich juckt! Ja! Da noch – auf der Seite, auf der Seite ... Ohne große Gesten! Machen Sie es genau wie damals ...

Stalin. Direkt vor Ihrem herausragenden historischen Auftritt!

Lenin. Sie haben damals meinen Bart perfekt gestutzt! Ich wusste, wen ich beauftragen muss. *(Er schielt auf das etwas gar weit ausholende Rasiermesser.)* Rasieren Sie oder dirigieren Sie?

Stalin. Damals war es schwierig zum Smolny[7] durchzukommen. Ich habe es gerade so geschafft, um Ihnen noch schnell die Haare zu schneiden und Sie zu rasieren ... Erinnern Sie sich, wie damals die

Weinlager des Zaren geöffnet wurden und alle, sogar die Feuerwehrmänner, anfingen sich zu betrinken? Dann wurden auf Ihren Befehl hin sämtliche Flaschen und Fässer zerschlagen, und die Leute leckten Wein und Wodka direkt vom Rinnstein auf ... Bevor ich die historische Rasur des Anführers des Weltproletariats vollzog, fuhr ich am Winterpalast vorbei und sah wie Männer und sogar Weiber ein neues revolutionäres Getränk aus Pfützen tranken ...

Lenin *(lacht)*. Dreck vermischt mit Alkohol? Warum hat Ihr Gedächtnis gerade solche Bilder bewahrt? Aus dieser großartigen Zeit? Alkoholhaltiger Schmutz ... Warum?

Stalin. Und Ihr Gedächtnis?

Lenin. Hey! Pass auf, Kolchisier! Damals 1917 waren Sie respektvoller ... Gehen Sie mir nicht an meine Halsschlagader! Sie zuckt zwar schon 30 Jahre lang nicht mehr, aber Sie berühren sie trotzdem nicht!

Chruschtschow *(zu Beria)*. Haben Sie die Wachen verstärkt? Damit kein Unbefugter reinkommt?

Beria. Du bist ziemlich aufgeregt, Nikita, darum fragst du so einen Blödsinn. Ist okay. Wir haben uns alle momentan nicht unter Kontrolle.

Stalin. Aber einer von denen hat mich doch umgebracht? Irgendjemandem ist es gelungen?

Beria *(hält es plötzlich nicht mehr aus und ruft)*. Was machen wir denn ohne ihn? Hat jemand ein Taschentuch? ... Ich habe in der Eile gar nichts mitgenommen ...

Chruschtschow geht auf ihn zu, gibt ihm ein Taschentuch und legt ihm die Hand auf die Schulter. Plötzlich fängt er selbst an zu weinen, Beria schließt sich ihm an. Sie teilen sich ein Taschentuch.

Lenin *(weist den neben ihm stehenden Stalin auf den liegenden Stalin hin)*. Hören Sie? Einatmen-Ausatmen, Einatmen-Ausatmen – und Pause. Typische Cheyne-Stokes-Atmung, der sichere Vorbote des letzten Atemzugs.

Plötzlich zieht der Mann aus dem Ministerium seinen Arztkittel aus und wirft ihn auf den Boden.

Mann aus dem Ministerium. Das Dessert wurde verzehrt!

Stalin. Also ist der Präsident ...

Mann aus dem Ministerium. Er ist weg! Weggegangen!

Pause.

Stalin (*zögernd*). Dann können wir ... aufhören?

Mann aus dem Ministerium. Na sicher! Natürlich, natürlich können Sie jetzt aufhören ... (*Er rennt beinahe von der Bühne weg.*)

Stalin (*zum Publikum*). Vielen Dank für Ihre Aufmerksamkeit, vielen Dank für Ihr Kommen ... Wir beenden somit unsere Pressevorführung ... Wir erwarten Sie bei der Premiere in drei Wochen ...

Fünfte Szene. »Das Dessert blieb fast unberührt ...«

Das Publikum geht auseinander, Waldemar setzt sich in Stalin-Kleidung und Stalin-Schminke an den Tisch auf der Bühne, ebenso die Schauspieler, die Lenin, Beria und Chruschtschow verkörpern. Valentina ist auch da.

Lenin. Das Publikum hat es gut aufgenommen ...

Chruschtschow. Und der Ehrengast? (*Beria zuckt die Achseln.*) Von wem kam das missbilligende Hüsteln? Das über die Bühne gedonnert ist und wieder verschwand ...

Beria. Das gibt es nicht, Nikita.

Valentina. Waldemar, ein Anruf aus Ihrem Museum ...

Stalin. Und?

Valentina. Sie brauchen das Kostüm, in dem Sie gerade aufgetreten sind. Sie wollen es in eine Vitrine legen und dazu schreiben: In diesem Kostüm stand er zum ersten Mal in der Rolle Stalins auf der Bühne ...

Stalin. Wozu die Eile? Mein Museum ist doch noch gar nicht eröffnet worden. Das machen wir zu meinem Jubiläum, da ist noch ein ganzes Jahr hin. Wie es aussieht, erlebe ich das vielleicht gar nicht mehr, so viel Nerven, wie mich das alles kostet ...

Valentina (*streckt die Hände nach oben*). Reden Sie doch nicht so!

Lenin. Kein Grund zur Sorge, Fräulein.

Valentina. Ach, Sie verstehen nichts, überhaupt nichts!

Stalin. Geh aus deiner Rolle raus! Aber sofort! Genau. Und im Museum, wo meine Orden und Diplome liegen, vergisst man hoffentlich nicht dazu zu schreiben: »Waldemar Arkadjewitsch pflegte eine ironische Grundhaltung, was seine Auszeichnungen betrifft?«

Valentina. Steht schon dort, hab ich auf einem Täfelchen gesehen. Ich muss Sie an den heutigen Tagesplan erinnern. Wir hatten folgenden Zeitplan ...

Aus der Tiefe der Bühne schält sich der Mann aus dem Ministerium. Er ist voller Trauer, Valentina bemerkt ihn nicht.

Valentina: Heute Abend: Künstlergespräch auf der Kleinen Bühne mit einem Schauspieler, der vor 20 Jahren unter Ihrer Leitung aufgetreten ist. Dann auf der Neuen Bühne Künstlergespräch mit einem Schauspieler, der vor 30 Jahren mit Ihnen gearbeitet hat. Damit Sie schnell von einer Bühne zur anderen kommen, haben wir für Sie ein elektrisches Gefährt besorgt, so eins, das auch auf Flughäfen oft genutzt wird. Wir haben es mit Blumen und Theaterplakaten verziert ... Unterwegs müssen Sie im Foyer eine Fotoausstellung eröffnen, die Ihrer Arbeit gewidmet ist – von Ihren Anfängen bis heute ... (*Waldemar legt einen Finger auf seine Lippen, Valentina verstummt.*)

Stalin. Quälen Sie uns nicht.

Der Mann aus dem Ministerium überreicht Waldemar schweigend ein Telegramm, dieser gibt es an Valentina weiter. Sie liest.

Valentina. Vom Minister. Betrachten Sie mein voriges Telegramm als hinfällig. Übergeben Sie dieses nicht an das Archiv des Theaters. Vernichten Sie es in der Anwesenheit des Beamten aus dem Kulturministerium.

Chruschtschow. Oh Gott ...

Mann aus dem Ministerium. Es muss jetzt vernichtet werden.

Stalin. Was? Verbrennen? Und unsere Inszenierung? Auch verbrennen?

Mann aus dem Ministerium. Was das betrifft, habe ich keine Anweisungen. Wo ...

Valentina sucht nach dem ersten Telegramm, blickt zum Regisseur, dieser nickt. Sie legt den Zettel in den Aschenbecher und zündet das Papier an. Der Mann aus dem Ministerium schüttet die Asche in eine Tüte und versteckt diese in seiner Jackentasche. Er möchte gehen.

Stalin. Moment mal, wir sind doch ...

Lenin. Wenn das erste Telegramm annulliert wurde, wie sollen wir jetzt den weiteren Verlauf der Dinge verstehen ...

Beria. Wir hätten gerne Klarheit!

Der Mann aus dem Ministerium nähert sich ihnen und flüstert.

Mann aus dem Ministerium. Ich habe doch – vor allen – gesagt, dass der Präsident sein Dessert aufgegessen hat. Damit wollte ich Sie schonen.

Chruschtschow. Oh Gott …

Mann aus dem Ministerium. Tatsächlich hat er es nicht aufgegessen. Das Körbchen mit den süßen Himbeeren steht immer noch da. Es ist fast unberührt.

Pause.

Lenin. Wie sollen wir das verstehen, Genosse?

Mann aus dem Ministerium. Also gut, ich werde mich klar ausdrücken. Kann ich davon ausgehen, dass Sie über alles, was hier gesprochen wird, schweigen werden wie ein Grab?

Valentina. Wozu solche Worte …

Stalin. Wir schweigen wie ein Grab.

Mann aus dem Ministerium. Der Kulturminister trat also an den Präsidenten heran. Dieser war sichtlich verstimmt. *(Pause)*

Stalin. Du meine Güte! … Verzeihen Sie.

Mann aus dem Ministerium. Es ist nicht gut, sagte der Präsident, dass der Protagonist im Sterben liegt. Der Tod hat auf der Bühne nichts zu suchen.

Stalin. Und was soll stattdessen auf die Bühne?

Mann aus dem Ministerium. Ja, genau das hat der Minister auch gefragt, er hat sich mordsmäßig für Sie eingesetzt …

Stalin. Und?

Mann aus dem Ministerium. Die Geburt muss auf die Bühne.

Beria. Was, ganz konkret? Mit Hebammen, im Kreißsaal? Der kleine Sta …

Stalin. Spar dir deine Witze für bessere Zeiten auf, Lawrenti.

Mann aus dem Ministerium *(beschwörend)*. In diesem Zusammenhang den Tod darzustellen ist einfach unangebracht. Der Präsident war sehr verstimmt. Auch Humor und Farce sind hier völlig fehl am Platz. In den heutigen Zeiten ist das einfach nicht opportun. Der Präsident sagte: »Gehen Sie in die Tiefe!«

Chruschtschow. Oh Gott …

Mann aus dem Ministerium. Um ehrlich zu sein, ich beneide Sie.

Stalin. Wie bitte?

Mann aus dem Ministerium. Normalerweise schweigt sich der Präsident aus. Oder er drückt sich so aus, dass man sich zusammenreimen muss, was er denn wirklich sagen möchte. Die ganze Zeit zerbricht man sich den Kopf darüber. Um Ihretwillen hat er extrem viele Worte benutzt, dann ist alles auch noch so eindeutig …

Unserem Minister ist der Neid der anderen Minister sicher.

Stalin. Was hat er noch gesagt? Ich bitte Sie inständig, machen Sie ab jetzt keine Pausen mehr. Alle meine Schauspieler leiden an einem schwachen Herzen.

Valentina. Waldemar Arkadjewitsch auch ...

Stalin. Es geht hier nicht um mich.

Mann aus dem Ministerium (*feierlich*). Und dann riskierte unser Minister wegen Ihnen Kopf und Kragen, denn er sprach es beim Präsidenten direkt an: Es gibt in der Gesellschaft keinen Konsens in Bezug auf den Vater der Völker. Die einen verfluchen ihn, während andere ihn verherrlichen. Das gesellschaftliche Klima ist angespannt, gekennzeichnet durch eine zunehmende Spaltung. Herr Präsident, wir möchten wissen: Wie stehen wir zu Stalin?

Stalin. Und er?

Chruschtschow. Oh Gott, und er?

Mann aus dem Ministerium. Er hat lange geschwiegen.

Stalin. Und dann?

Mann aus dem Ministerium. Dann hat er sich die Nase geputzt.

Stalin. Na – und dann?

Mann aus dem Ministerium. Dann sagte er, nicht von ungefähr haben Menschen zwei Augen. Es ist eben kein Zufall, dass sie zwei Augen haben und nicht nur eins.

Pause.

Stalin. Also – Sie wollen wirklich, dass meine Schauspieler einen Herzinfarkt bekommen?

Mann aus dem Ministerium. Weil man mit dem einen Auge den Tyrannen und Scharfrichter wahrnimmt, mit dem anderen aber den Erbauer eines starken Staates. Der Minister fragte daraufhin ... Bei Gott, Sie müssen eine Kerze für ihn anzünden, so wie der heute für Sie ins Feld gezogen ist!

Stalin. Selbstverständlich machen wir das! Ich flehe Sie an – sprechen Sie weiter!

Mann aus dem Ministerium. Der Minister fragte also: Demzufolge soll Stalin als heroischer Scharfrichter rezipiert werden? Der Präsident putzte sich erneut die Nase. Dann resümierte der Minister ... Wissen Sie, ich erzähle es Ihnen, und kann es selbst kaum glauben ... Unser Minister hat das Zeug zu einem Helden, das sag ich Ihnen! Und der Minister fasste also zusammen: Das heißt, der öffentliche Konsens stützt sich also auf folgende Grundpfeiler: den tyrannischen Erbauer und den heroischen Scharfrichter? Der Präsident sah ihn bedeutungsschwer an. Mit beiden Augen, Waldemar Arkadjewitsch. Mit beiden Augen.

Der Mann aus dem Ministerium entfernt sich.

Beria. Wenn wir die Grundsätze der Konspiration einhalten, müssen wir auch das neue Telegramm des Ministers verbrennen. Das, in dem steht, dass das erste verbrannt werden muss.

Lenin. Wozu?

Beria. Sonst gibt es ein indirektes Beizmittel der Befürwortung ...

Stalin. Was schwafelst du da? Was für ein Beizmittel?

Beria. Ich habe gesagt: ein indirektes Beweismittel, dass der Minister anfangs etwas befürwortet hat, was danach vom Präsidenten nicht gebilligt worden ist.

Stalin. Ein Schleimer bist du, Lawrenti ... Verbrennen.

Er gibt Valentina das Telegramm und sie verbrennt es.

Stalin. Die verbrannten Telegramme des Ministers haben einen eigenartigen Geruch. Sie riechen irgendwie traurig ...

Valentina (*schluchzt*). Es ist der Geruch von Hoffnungen, die sich zerschlagen haben ...

Stalin. Geburt, das heißt ... und kein Humor ... Im Kreml wird nicht gestorben, natürlich ... und dort gibt es selbstverständlich nichts, worüber man lachen sollte ... wie konnten wir nur auf so etwas kommen ... und Premiere ist in drei Wochen.

Valentina. Und wenn wir gar nichts ändern?

Alle lachen, väterlich streicht Waldemar Valentina über den Kopf.

Stalin. Wir werden auch nichts ändern. Wir kürzen einfach.

Lenin. Da gibt es definitiv was zu kürzen! Der rote Faden des Stücks muss eine kristallene Klarheit haben. Erst dann geht man vors Publikum.

Beria. Ehrlich gesagt, fühle ich mich im Inneren dieser ganzen Ironie unwohl. Ich verstehe auch überhaupt nicht, über was wir lachen.

Chruschtschow. Mein Befremden ist noch umfassender: Ich verstehe nicht, *wozu* wir lachen.

Stalin (*nimmt die Pfeife, zündet sie an und pafft*) Auch mich wollt Ihr ans Messer liefern, stimmt's? Das Fähnchen nach dem Wind drehen? (*zu Valentina*) Der Mensch ist das verabscheuungswürdigste Geschöpf Gottes.

Valentina. Aufschreiben?

Stalin. Eilt nicht. Behalt es im Hinterkopf.

Sechste Szene. »Die Farce ist veraltet, Terenti«

Ein junger Schauspieler kommt gelaufen. Er zieht den sich sträubenden Terenti hinter sich her.

Junger Schauspieler. Waldemar, dieser hier wollte aus dem Theater fliehen.

Stalin. Nenn unseren Dramatiker nicht »dieser hier«. Er ist nämlich die Hauptperson im Theater ... Wie – fliehen?

Junger Schauspieler. Er wollte das Territorium verlassen.

Stalin. Du wolltest aus dem Theater flüchten? Terenti? Draußen, wo die Freiheit ist, gibt es doch nur das Publikum! Da wird dir doch langweilig. (*zu den Schauspielern*) Wozu habt Ihr ihn aufgehalten? Von mir aus kann dieser Langweiler gehen. (*Terenti geht Richtung Ausgang.*) Bloß, Terenti, hat laut Vertrag das Theater das Recht, den Text abzuändern. Der Umfang der Eingriffe ist dort leider nicht verzeichnet. Aber das macht ja nichts, du kannst ja vor Gericht ziehen. Die Verhandlung findet leider nach der Premiere statt. Du kannst gehen, Terenti. Wir sehen uns vor Gericht. Mich aber wirst du dort nicht antreffen. Du wirst dort den brillanten Rechtsanwälten des Theaters gegenübersitzen.

Terenti. Warum sind Sie plötzlich so?

Stalin. Und als du weglaufen wolltest, hast du vielleicht daran gedacht, wie du mich damit beleidigst? Setz dich. Während du versucht hast, den Deserteur zu markieren, hatten wir hier eine Besprechung. Eine sehr wichtige. Denk bloß nicht, mein lieber Terenti, dass wir dem Druck erlegen sind. Oder was für ein Argwohn bewegt dein liberales Herz? Der erste Durchlauf macht Geschwüre sichtbar, Abszesse liegen nun an der Oberfläche und weisen auf künstlerische Mängel hin.

Beria. Offenkundige Mängel.

Chruschtschow. Offensichtliche Abszesse.

Stalin. Siehst du! Das ist nicht gut ... (*Er umkreist Terenti, der auf einem Stuhl sitzt.*) Ein brillantes Stück, Terenti! Großartig! Es muss jedoch auf ein Drittel gekürzt werden, und ein neuer Anfang muss her! Das ist alles! (*Terenti versucht zu fliehen, Chruschtschow und Be-*

ria halten ihn auf.) Drei Wochen noch bis zur Premiere. Davor zwei Jahre ausgefüllt mit Arbeit und voller Erwartungen und Träume ... Terenti, willst du wirklich zwei Jahre deines Lebens verraten? Du bist doch ein vernünftiger Mensch. Veröffentlichen wirst du dein Stück – ungekürzt. Ich schreib dir sogar das Vorwort. Ein anderes Theater wirst du finden – das dein Stück ungekürzt zur Aufführung bringt. Ich helfe dir sogar dabei. Aber hier ... Eins möchte ich dich, als einen mit Talent gesegneten Menschen, doch fragen: In diesem Stück ist so viel drin, aber es gibt keine einzige Szene mit der Mama. Wieso?

Terenti. Mit welcher Mama?

Stalin. Mit Stalins Mama. Wir werden dem Publikum doch

nicht nur diesen alten Mann zeigen. *(Er zeigt auf sich selbst, Valentina kreischt: »Sagen Sie das doch nicht!«)* Wir müssen diesen furchtbaren Moment einfangen, in dem der junge Stalin zum Monster wird. Gehen wir in die Tiefe! Verfügst du über die Fähigkeit, in die Tiefe zu gehen? Direkt in die Seele des Monsters, in die Tiefen des Untergrunds! Stellen wir uns die Frage, wie er zu so einer Kreatur werden konnte. Er war doch so ein netter Kerl, er liebte die Bibel, er respektierte seine Mama ... Wir müssen Stalins Geburt darstellen. Und du beginnst mit dem Tod! Terenti! Du brichst Naturgesetze! Alles, was ich dir jetzt sage, ist für Dich eine neue Herausforderung, Terenti. Es ist eine ... Wie sagt man heutzutage ...

Beria. Challenge!

Stalin. Genau! Wir haben jetzt alle die Reaktion des Publikums gesehen. Humor wird nicht goutiert. Satire ist überholt und Farce antiquiert, Terenti. Leider.

Terenti. Seit wann ist Satire überholt? Seit anderthalb Stunden?

Entsetzt bedecken die Schauspieler ihre Gesichter mit den Händen.

Stalin. Ein kreativer Mensch sollte kühn sein. *(zu den Schauspielern)* Nehmt euch ein Beispiel!

Valentina *(zu Terenti).* Wissen Sie, Herr Waghals, Waldemar Arkadjewitsch hat zu seinem 80. Geburtstag so was Verwegenes vor, das können Sie sich nicht mal in Ihren kühnsten Träumen vorstellen!

Stalin. Nicht doch, Valja! ... Was den Alterungsprozess angeht. Du bist am Theater, Terenti! Hier kann alles innerhalb einer Minute schon wieder veraltet sein. Kopf hoch! Wenn wir merken, dass es nicht gut läuft, bin ich der erste, der sagen wird: mit aller Kraft zurück! Also, Terenti? (*zu Beria und Chruschtschow*) Ich weigere mich einfach, das zu verstehen. Ein kreativer Mensch, ein junger Mann, dem das Experimentieren fremd ist? Der Risiken aus dem Weg geht?

Beria. Er liebt seine Komfortzone. Das ist seine Wiege.

Chruschtschow. ... seine Heimstatt.

Stalin. Genug. Ich bin erschöpft. Öffnet die Türen. Sperrangelweit! Ich halte niemanden auf, und ich überrede auch niemanden. Möchte noch jemand gehen? Wen verwirrt der psychologische Realismus? Wen verwirrt der Versuch, in die seelischen Abgründe eines Monsters vorzudringen? Wer möchte Grimassen schneiden, kichern, über die Bühne hopsen und das Vorhandensein des menschlichen Geistes ignorieren? Solche halte ich nicht auf. Dich halte ich erst recht nicht auf, Terenti. (*Er nähert sich diesem, streckt ihm die Hand zum Abschied entgegen.*) Diese Aufgabe ist zu groß für deine Schultern, mein lieber Humorist. Nun, das kommt vor. Ich bin dir deswegen nicht böse.

Terenti. Geben Sie mir doch die Chance, mich mit der neuen Lage vertraut zu machen. Sie sind ja wie eine Lawine ...

Stalin. Zu Hause kannst du dich mit deinen Maultaschen vertraut machen. Jetzt sollst du dich fokussieren – und abheben! Nur flieg in die andere Richtung, Terenti! Mach eine Kehrtwendung von West nach Ost, Terenti! Hörst du mich? Klingt das nicht wie das Rascheln von Banknoten? Aber es geht hier doch nicht um Geld, oder? Was wir eigentlich hören, ist der Flügelschlag eines neuen Traums!

Beria. Nikita und ich – wir hören alles!

Chruschtschow. Aber was ist mit Terenti?

Beria. Taubheit hat ihn ereilt ...

Chruschtschow. Er wird geheilt werden, wir glauben daran!

Stalin. Und unser Wolodenka (*deutet auf den jungen Schauspieler und richtet sich an Terenti*) hat doch eine exzellente Kunstfertigkeit an den Tag gelegt, als er dich aufgehalten hat! Oder? Hast du das auch gebührend gewürdigt? Und seinen Spürsinn? Na?

Beria. Sein Spürsinn ist genial!

Chruschtschow. Seine Kunstfertigkeit auch!

Stalin (*zum jungen Schauspieler*). Dafür wirst du ausgezeichnet! Du spielst in der neuen Inszenierung den jungen Stalin. Den jungen

Sosso[8]!

Junger Schauspieler (*ringt vor lauter Freude um Luft.*). Ich ... ich werde Sie nicht enttäuschen! Das in mich gesetzte Vertrauen ... Voll und ganz! ... Alle Erwartungen ...

Stalin. Ruhig, ruhig, Wolodenka. Versetz dich schon mal in deine Rolle. Der junge Sosso hat keine Eile. Seine Worte haben Gewicht, seine Bewegungen entbehren jeglicher Hast. Das ist schon der zukünftige Herrscher, Wolodenka. Hör auf zu krakeelen. Abgemacht? (*Der junge Schauspieler nickt und versucht, in die Rolle zu schlüpfen. Waldemar dreht sich zu Terenti um.*) Lass dich nun von ihnen inspirieren! Lass dich inspirieren und komm mit dem Text wieder. Ich erwarte das Ergebnis heute Abend.

Beria. Wir alle warten.

Chruschtschow. Und wir glauben daran.

Beria. Sein Talent ist außergewöhnlich – er schafft das.

Chruschtschow. Für ihn ist das doch ein Kinderspiel.

Stalin. Wir glauben daran – felsenfest.

Siebte Szene. Die Geburt eines Monsters aus der Seele eines Huhns

Probe der ersten Szene des umgeschriebenen Stücks. Valentina spielt jetzt Stalins Mutter, der junge Schauspieler den jungen Stalin. Die anderen Schauspieler sehen zu.

Junger Stalin. Sag, bist du gesund?

Valentina. Sosso, so iss doch dein Hühnchen ein bisschen langsamer ...

Stalin (*zu Terenti*). Genialer Text. Einfach genial.

Terenti. Wozu sagen Sie ...

Stalin. Du bist kein Praktiker. Du bist Schriftsteller. Du begreifst nicht, wie viel in solchen Sätzen enthalten ist. Aber dazu sind wir da. Bedank dich bei uns.

Terenti. Danke.

Stalin. Da siehst du's. Nur ein schmallippiges Dankeschön – unterlegt mit Ironie und Hoffnungslosigkeit, strahlendes Vertrauen in mich geht einher mit tiefem Argwohn – gegen mich ... Und das alles in einem Wort ausgedrückt, Terenti. Was schaust du denn so? Oh, ihr Autoren ... Ihr versteht nichts. Ihr schreibt geniale Sätze, so wie diesen und merkt es nicht einmal. Ihr schreibt Unsinn und geht damit hausieren ... so wie du es mit den Szenen machst, die wir gestern gespielt haben. Was ist das Besondere daran? Kichern und Augenzwinkern. Sieh zu, wie wir jetzt deinen Text rund machen. Schau dir diese Magie an, Terenti. *(zum Darsteller des jungen Stalin)* Iss das Hühnchen, aber iss es so wie dieses Monster später Menschen verschlingen wird ... Genau! Schon näher dran! Stell Dir imaginäre Stoßzähne vor! Ich sehe die imaginären Stoßzähne nicht, Wolodenka! So ... genau so ... jetzt wachsen sie ... oh Gott ... beispiellos ...

Junger Stalin *(zu Valentina)*. Bist du gesund?

Stalin. Nein! Nein! Wolodenka ... Frag so, dass in der Frage etwas völlig anderes mitschwingt ... Diese Kreatur träumt davon, alle in die höllischen Flammen hinab zu stürzen, Wolodenka! Sogar die Mutter, ganz besonders die Mutter, das wissen wir aus den Archivmaterialien, die Terenti aufgespürt hat ...

Terenti. Ich habe keine ...

Stalin *(wendet sich an den jungen Schauspieler)*. Wenn du sie fragst: »Bist du gesund?« – frag sie so, dass es klingt wie: »Wann krepierst du endlich, alte Hexe?«

Junger Stalin. Wann krep ... Oh, ich bitte um Verzeihung ... Bist du gesund?

Stalin. So ist es besser. Aber mach es so: »Bist du« ist der erste Flammenstoß und »gesund« ist schon das Tosen des Höllenfeuers ... Komm schon, Wolodenka ...

Junger Stalin. Bist du gesund?

Beria und Chruschtschow applaudieren.

Stalin *(zu Terenti)*. Und das ist erst der Anfang. In einer Woche wird er diesen Satz auf eine Art und Weise sprechen, dass er damit in die Lehrbücher der Theatergeschichte eingehen wird. Valentina. Los!

Valentina. Sosso, so iss doch dein Hühnchen ein bisschen langsamer ...

Stalin. Valentina! Bist du dir bewusst, dass wir es hier mit einem mystischen Text zu tun haben? *(zu Terenti)* Ja, richtig, mystisch. *(zu Valentina)* Das ist eben nicht nur ein simpler Satz – »iss dein Hühnchen« ... Denn du hast bereits verstanden, dass dein Sohn von einem Dämon besessen ist ...

Valentina. Und wann genau habe ich das verstanden, Waldemar?

Stalin. Eine ausgezeichnete Schauspieler-Frage! Diese Kühnheit hat sie sich von dir abgeschaut, Terenti! Heute Morgen hast du es verstanden. Du bist aufgewacht – und hast es verstanden. Und jetzt begreifst du dieses Hühnchen als Zaubertrank ... Nein, nicht als Zaubertrank ... als Zaubermahl. Weil du all deine Liebe, all deine Hoffnung in dieses Hühnchen gesteckt hast, Valentina! Und du tischt deinem Sohn dieses Essen in der Hoffnung auf, dass er es isst, und der Dämon vertrieben wird! Und du wirst deinen Sosso wiedersehen, deinen geliebten, den Sosso, so wie du ihn kennst!

Valentina. Dein Hühnchen ...

Stalin. Die Verzweiflung einer Mutter! Steck mehr mütterliche Verzweiflung rein, Valentina!

Valentina. Sosso, so iss doch dein Hühnchen ein bisschen langsamer ...

Stalin. Teil den Satz in zwei Hälften. »Sosso, so iss doch dein Hühnchen ...« – das ist die Verzweiflung. »ein bisschen langsamer« – da ist schon die Hoffnung. Auf die Genesung deines Sohnes, Valentina.

Valentina. Sosso, iss doch dein Hühnchen ein bisschen langsamer ...

Stalin. Daran müssen wir noch arbeiten.

Valentina. Und bei ihm (*zeigt auf den jungen Stalin*) heißt es dann gleich, dass er unvergleichlich spielt ... (*ist den Tränen nahe*)

Stalin. Deine Aufgabe ist unbestreitbar schwieriger, Valentina. Und die verkompliziert sich folgendermaßen. Bist du bereit für den höheren Schwierigkeitsgrad?

Valentina. Ja.

Stalin. Artikulier dieses »ein bisschen langsamer« mit dem umgekehrten Vorzeichen. Verstehst du? Eigentlich möchtest du, dass er den Dämon so schnell wie möglich vertreibt ... Deswegen bedeutet »ein bisschen langsamer« in seiner ganzen Tiefe »schneller, ich flehe dich an, schneller!« Verstehst du? Unterlege den Satz mit Dialektik, Valentina! Valentina! Dialektik!

Valentina. Sosso, iss doch dein Hühnchen ein bisschen langsamer ...

Stalin. Genial!

Beria. Ist das nicht alles zu gewagt, Waldemar?

Stalin. Mal wieder zu Scherzen aufgelegt, Lawrenti? Ich habe auch für dich einen Witz vorbereitet.

Beria. Ich bin überhaupt nicht zum Scherzen aufgelegt. Ich befürchte, dass man in dieses Huhn einen Adler hinein interpretieren wird ...

Stalin. Was ist das für ein Unsinn? Und selbst wenn, was ist schon dabei?

Beria. Der Adler ist das Symbol unseres Staates ... Stalin, ergibt sich dann, verschlingt das Symbol ... Ich bin froh, dass Sie lächeln, Waldemar. Aber nichtsdestotrotz sollte man sich der Risiken bewusst sein.

Stalin. Weißt du was, Lawrenti, das erlaube ich niemandem! Niemandem! Sich in meine Regie-Aussage einzumischen. Vielleicht hast du recht. Aber diese Szene legt den Grundstein für alles, was noch kommt. Denn sie beschreibt den Anfang – wir sind hier Zeugen, wie sich aus einem jungen Mann ein Monster schält, eine Kreatur ... Diese Szene werde ich nicht streichen. Für nichts auf der Welt. Auch nicht, wenn die Polizei kommt.

Valentina (*zu Beria*). Ich hab schon verstanden, dass es dir im Grunde am liebsten wäre, ich würde gar nicht mitspielen.

Chruschtschow. Das hat Lawrenti nun wirklich nicht verdient. Sein Misstrauen ist doch ganz nützlich. Führt er sich irgendwann auf wie ein Besessener, können wir ihn immer noch erschießen! (*Alle außer Stalin und Terenti lachen.*)

Valentina. Ich weiß, warum er sich an mir rächen will. Waldemar, er hat mich sexuell belästigt. Er war betrunken und hat sich dreckig und vulgär verhalten.

Stalin. Lawrenti ...

Beria. Verleumdung!

Valentina. Beweis es!

Beria. Wie kann ich beweisen, dass ich etwas nicht getan habe?!

Stalin. Hervorragend. Stalinismus liegt in der Luft, genau das wollten wir! Lawrenti, beweis deine Unschuld! Schnell! Schnell, solange ich dir noch glaube. Also?.. Nun... das war's. Ich habe den Glauben an deine Unschuld verloren. Du bist ein Verräter, Lawrenti. Du bist ein Feind. Ich mache Witze, um Gottes Willen. Ich habe Neuigkeiten für euch, Lawrenti und Nikita. Nicht das es schlimme wären. Neuigkeiten, die nur die Kunst betreffen. Die absolut nichts zu tun haben mit irgendeiner Moral. Öffnet eure Schauspieler-Herzen und akzeptiert meine Entscheidung. Chruschtschow und Beria kommen im neuen Stück nicht vor.

Valentina. Traurig.

Beria. Josef! Ich glaub es nicht ...

Chruschtschow. Das ist eine Tragödie, Waldemar.

Stalin. Versteh` ich.

Chruschtschow. Wir haben so lange von unserer Rolle geträumt ...

Stalin (*mit georgischem Akzent*). Theater ist ein Imperium. Was ist ein kleines Schauspielerschicksal im Vergleich zum Schicksal eines ganzen Theaters? Die Entscheidung ist gefällt. Eure Talente werden in Zukunft noch gebraucht. Jetzt aber ist nicht die Zeit. (*zum jungen Stalin und zu Valentina*) Junger Sosso, geliebte Keke[9], lasst euch nicht ablenken! Wir machen weiter! (*zu Chruschtschow und Beria*) Und ihr geht bitte in den Zuschauerraum ...

Junger Stalin. Bist du gesund?

Valentina. Sosso, so iss doch dein Hühnchen ein bisschen langsamer ...

Beria und Chruschtschow gehen ab.

Achte Szene. Die Geier des Stalinismus und die Falken des Liberalismus

Beria und Chruschtschow.

Beria. Probier' das Hühnchen ...

Chruschtschow. Bist du gesund?

Sie lachen düster.

Beria (*äfft Waldemar nach*). Das Imperium braucht euch nicht. Das Schicksal des Theaters ist wichtiger als euer Schicksal ... Glaubt er, dass er das Imperium verkörpert? Dass er für das ganze Theater steht?

Chruschtschow. Eine Tragödie, eine Tragödie ...

Beria. Das Theater stirbt, Nikita. Das ist jetzt ebenso klar wie die Tatsache, dass wir in der Inszenierung nicht vorkommen.

Chruschtschow. Das tut weh ... Ich kann es nicht fassen.

Beria. Und jetzt? Bei der Premiere sitzen wir also im Publikum? Wir klatschen und dabei schlucken wir unsere Tränen runter? Darauf haben wir zwei lange Jahre gewartet? Mir graut's.

Chruschtschow. Wovor?

Beria. Vor meinen Gedanken, Nikita.

Chruschtschow. Sprich's aus.

Beria. Waldemar stößt das Imperium in den Abgrund.

Chruschtschow. Eine Tragödie.

Beria. Du und ich, Nikita, wir sind der Himalaya ... aber all diese Schauspieler-Fritzen ... kriechen zu Kreuze, nur um ihre Mini-Rolle zu behalten.

Chruschtschow. Das mitansehen zu müssen, ist abstoßend.

Beria. Weißt du, wie ich Waldemars Regie-Stil, der aus der Furcht geboren ist, nenne? Ich nenne ihn »Ich halte es mit allen Parteienismus«. Man kann auch »Anbiederismus« dazu sagen. Waldemar hat sich diesen Stil vor geraumer Zeit angeeignet. Er ist momentan extrem aktuell, besonders beliebt bei allen, die sich über Wasser halten wollen. Waldemar hat schon Inszenierungen verantwortet, in denen es einfach keine Handschrift, keine Intention des Regisseurs gab. Hier aber haben wir es mit einem außergewöhnlichen und sehr gefährlichen Fall zu tun, Nikita.

Chruschtschow. Mit einen außergewöhnlichen und sehr gefährlichen Fall, Lawrenti.

Beria. Weißt du, was das für eine Premiere wird? Es wird die Premiere von Waldemars herausragendem Selbsterhaltungstrieb. Da mitzumachen ist widerlich. Direkt eklig.

Chruschtschow. Ja?

Beria. Unser Herrscher hat den Verstand verloren. Ich habe das schon gestern beobachtet. Das fing an, als er unter Schock stand wegen des 2. Telegramms. Seine Krankheit schreitet schneller voran, als ich dachte. Aber nicht schneller, als ich schreiben kann. Ich habe das alles vorhergesehen. *(Er holt zwei Blätter aus der Tasche.)* Hier kommt deine Unterschrift hin, Nikita. Und wenn Waldemar fällt, uns reißt er nicht mit in den Abgrund! Hier sind zwei ... belastende Dossiers. Das erste geht an Organisationen, die den Stalinismus ablehnen. Das zweite geht an die, die Stalin verehren und vergöttern. Unser lokaler Stalin denkt, er hat alle überlistet. Er denkt, er kann zwischen den Strömungen des Stalinismus und Antistalinismus hin- und herspringen. Er versucht, den einen wie den anderen gefällig zu sein! Stillschweigen wird er so als Meinungsäußerung verkaufen, Angst als Objektivität, Furcht als Neutralität, und wenn er in einer kreativen Sackgasse stecken wird, dann wird er so tun, als hätte er die tiefsten Gedanken! ... Aber diese kleinen Dossiers ... verändern die Sichtweise auf ihn, sie schärfen den Blick. Sie zeigen Schwachstellen auf – im Sinne der Stalinisten wie der Liberalen. *(entzückt)* Und dann stürzen sich auf Waldemar die Geier des Stalinismus und die Falken des Liberalismus! Und wir schauen von der Seite aus zu, wenn sie an seinen Knochen knabbern. Wir stehen da und flüstern: Tut's weh, Waldemar Arkadejwitsch? Es sieht so aus, als würde man Ihnen die Augen auspicken? Ach, jetzt schon? Und jetzt? *(schüttelt den Kopf)* Die Milz ... wie traurig ... Also? Machst du mit?

Chruschtschow. Nö. Ich geh lieber.

Beria. Nach allem, was wir hier besprochen haben?

Chruschtschow. Ich hab nur zugehört, Lawrenti.

Beria. Was ist nun mit deiner Unterschrift? Unterschreibst du nicht? Du gehst zugrunde! Zusammen mit ihm! Du Narr, die haben dir doch gerade deine Rolle ... Du Narr!

Chruschtschow ab. Beria eilt ihm nach.

Neunte Szene. »Vielleicht sollte man euch alle in der Kantine erschießen?«

Waldemar und Terenti.

Terenti. Ich verstehe, Theater ist immer ein Kompromiss. Ich schlage ja nicht vor, dass das ganze Stück inszeniert werden soll, ich bin ja nicht verrückt, ich verstehe, dass Druck auf Sie ausgeübt wird.

Stalin. Du irrst dich, Terenti. Du bist wie ein Kind. Unter Druck setzen ... Wer überhaupt kann Waldemar unter Druck zu setzen? Weißt du, an welches Prinzip man sich halten muss? Erst denken, dann sprechen. Menschen, die es andersrum machen, haben echt Probleme, leben nicht lang, und alles ist wahnsinnig traurig.

Terenti. Gut! Es gibt also keinen Druck.

Stalin. Und wenn, Terenti.

Terenti. Aber nur 20 Prozent des Textes zur Aufführung bringen? Wenigstens die Hälfte. Sonst geht die Sprachmelodie verloren, der rote Faden ist weg, und ich verstehe nicht mehr, was Sie jetzt inszenieren, wer ist eigentlich Ihr ... unser Stalin, wozu sind wir eigentlich alle hier, ich verstehe das nicht ... Um vor Angst zu zittern und allen zu zeigen, wie uns der Schrecken in die Knochen gefahren ist? Vor einem vor langer Zeit verstorbenen Herrscher?

Stalin. Du bist wirklich wie ein Kind. Das ist nicht gut. Denn du bist kein Kind.

Terenti. Waldemar ...

Stalin. Weißt du eigentlich, wie sehr unser Nikita leidet? Gegen das Brett mit der Rolleneinteilung hat er den Kopf geschlagen. Er konnte dort seinen Namen nicht finden und fing an sich zu schlagen. Er hat das Brett kaputtgehauen. Mit seinem Kopf. *(Er nimmt ein Papier und gibt es Terenti.)* Die Rolleneinteilung. Blutverschmiert von Nikita. Nimm es.

Terenti. Wozu?

Stalin. Damit du das Drama spürst. Das echte, nicht das fiktive. Nikita hatte einen Anfall, man hat einen Krankenwagen gerufen. Verdacht auf Schlaganfall. Aber er ist trotzdem im Theater geblieben. Er hat sich den Kopf mit einem Tuch verbunden und harrt aus. Ich hoffe, sagt er, auf diese Weise meine Pflicht als Schauspieler und Bürger zu erfüllen. So ist das, Terenti. Hörst du ihn singen? Schreib ihm doch eine kleine Rolle auf den Leib, damit unser kranker Mann auf der Bühne ein bisschen singen kann.

Terenti. Was für eine Rolle denn, wenn er auch noch singen soll ...

Stalin. Irgendwo auf einer versteckten Waldlichtung entzückt der Gesang eines plötzlich auftauchenden Sängers das Ohr des künftigen Diktators ... Du kannst das viel besser als ich, überleg dir, wo man jemanden am besten singen lassen kann, ich kann dir da schlecht Ratschläge geben, das ist ja dein ureigenstes Metier. Aber rette mir Nikita.

Terenti *(zuckt mit den Achseln).* Dann muss Beria aber auch gerettet werden.

Stalin. Oh, nein! Beria ist ein Verräter. Der sitzt jetzt im Karzer!

Terenti. Was? Was?

Stalin. Das war Nikitas Idee! Zuerst war es nur ein Witz, aber dann haben sich alle dafür begeistert ... Nikita am meisten. »Fesselt ihn«, hat er geschrien. *(lacht)* Wir haben da so ein Zimmerchen, die Garderobe eines längst verstorbenen Schauspielers, da wird nicht geheizt. Da kann sich Lawrenti jetzt abkühlen. Er heult. Aber was soll man machen? Er könnte sonst vor der Premiere wer weiß was für Gerüchte unter den Leuten verbreiten. Nikita aber muss eine Auszeichnung bekommen. Lass ihn singen. Er hat es verdient.

Terenti. Dieser Karzer ist doch ein Scherz, oder?

Stalin. Brauchst du irgendwas aus dem fünften Stock?

Terenti. Nein, was soll ich dort?

Stalin. Dann ist es ein Scherz. *(Terenti erhebt sich, um zu gehen.)* Denk an Nikita, denk an unseren Sänger. Denk an den Schauspieler, denk an den Bürger! *(Terenti ab, Waldemar singt auf Georgisch)* Doch wo bist du, meine Suliko[10] ... *(Er zieht sich den weißen Generalissimus-Mantel über und zündet sich eine Pfeife an.)* Um mich herum Esel, Ziegen und Spitzmäuse. *(versetzt sich in seine Rolle, spricht mit Akzent)* Um mich herum Esel, Ziegen und Spitzmäuse. Und niemand, mit dem ich reden kann. Ich bin einsam, wie der Herr selbst. Um mich herum Verräter. Hinter jedem Rücken ein Messer. Ob sie wissen, wie schwer es ist, Herrscher zu sein? Wie traurig es ist, um einen herum nur Fratzen zu sehen? Und nicht ein einziges Gesicht. *(Lenin erscheint.)* Ja, Lenins Mütze ist schwer ... *(lacht.)*

Lenin. Josef, ich kann es nicht glauben.

Stalin. Habe ich dich damals etwa nicht vergiftet? Glaub mir. Zweifle nicht.

Lenin. Hast du jetzt auch mich abgesetzt? Meine Rolle! Du hast meine Rolle ...

Stalin. Die historische?

Lenin. Ich gehe.

Stalin. Leider gibt es vor der Premiere keine Möglichkeit mehr, das Theater zu verlassen. In den nächsten drei Wochen werden wir alle eine große, unheimliche Familie sein.

Lenin. Ich hab aber keine Rolle mehr, was soll ich dann noch hier?

Stalin. Du bist unser Zement. Du bist die Befestigung, die schweigt.

Lenin. Ich gehe!

Stalin. Die Zweifel, die du in mir durch deinen Abgang auslöst, halten sich die Waage mit meinem Kummer darüber.

Lenin. Was für ein Kummer? Was ist denn in dich gefahren?

Stalin. Nimm endlich deine Glatze ab. Was bist du überhaupt für ein Lenin. Sacharka bist du, tu doch nicht so als ob ...

Lenin. Was ich für ein Lenin bin? Überhaupt kein Lenin bin ich.

Stalin. Genau das meine ich. Hier kommt doch kein Schauspieler auch nur annähernd an seinen Protagonisten heran. Übrigens: was die Inszenierung betrifft, habe ich noch nicht alles hundertprozentig entschieden. Vielleicht tut sich ja ein Plätzchen auf für dich. Aber jetzt verzieh dich. Alle übernachten in der Kantine.

Lenin. Was? Ist das dein Ernst? In der Kantine im fünften Stock?

Stalin. Nein. Geh nicht in den fünften, dort gibt es nur unangenehmes Geschrei. Und du bist doch ein Ästhet. Die Kantine ist im sechsten Stock. (*Er bekreuzigt sich, dreht sich zur Ikone.*) Herrgott! Diese Leute arbeiten seit Jahrzehnten im Theater und haben es nicht auf die Reihe gekriegt, sich einzuprägen, was sich wo befindet. Und mit solchen Menschen gebietest du mir, Herr, große Inszenierungen auf die Beine zu stellen? Und mit solchen Menschen gebietest du mir, das beste Theater der Welt zu errichten? Wäre es nicht besser, sie alle in der Kantine an die Wand zu stellen? Und neue Leute einzustellen? Saubere, reine Menschen? (*Er dreht sich zu Lenin um.*) Geh in die Kantine. Ich habe für alle ein kostenloses Abendessen bestellt. Es wird aufgewärmt.

Zehnte Szene. »Glauben Sie es nicht, Waldemar! Es ist eine Fotomontage!«

Kantine. Der Tisch ist gedeckt. Die Schauspieler und Terenti essen schweigend. Hin und wieder Schreie von Beria.

Terenti. Ich habe versucht, ihn zu befreien.

Lenin. Wozu?

Terenti. Wie jetzt?

Chruschtschow. Er schäumt über vor Begeisterung, so froh ist er, dass man ihn eingesperrt hat. Sonst hätte er nur wieder irgendwelche krummen Dinger gedreht, und danach hätte er geweint und sich entschuldigt.

Terenti. Was für eine Begeisterung – er brüllt.

Valentina. Die Würde muss ja irgendwie bewahrt werden.

Lenin. Das gelingt ihm wirklich sehr gut.

Beria. Oh, ich leide ohne Schuld, ohne Schuld!

Pause.

Terenti. Wahrscheinlich geh ich raus.

Valentina. Aber alle Türen sind zu.

Terenti. Habt Ihr schon mal versucht, sie zu öffnen?

Valentina. Wir wissen, dass sie verschlossen sind.

Chruschtschow. Der Erlass wurde angeschlagen.

Valentina. Ich habe beim Verfassen geholfen.

Terenti. Was geht hier eigentlich vor?

Chruschtschow. Das ist der ganz normale Arbeitsprozess! Dass gerade Sie sich empören. Diese Autoren ... Haben Sie schon eine Szene für mich geschrieben? Hat Ihnen Waldemar gesagt, dass ich singen soll? Eine große Gesangspartie! Also schreiben Sie. Zeit haben Sie in rauen Mengen. Waldemar hat verfügt, dass Sie separat in der Küche übernachten und nicht wie wir zwischen den Tischen schlafen müssen.

Terenti. Suchen Sie sich irgendeine Figur aus und singen Sie.

Chruschtschow. Das geht?

Terenti. Tun Sie doch, was Sie wollen. Ist mir egal.

Beria (*hinter der Bühne*). Waldemar! Ich flehe Sie an! Nur eine winzige Rolle ... Ich bitte Sie um Verzeihung, dass ich meines Verstands beraubt war ... Ich danke Ihnen, dass Sie mich hinter Schloss und Riegel gebracht haben ...

Valentina. Was für eine Stimme!

Beria. Ich werde es sühnen! Ich sehe es ein!

Chruschtschow. Eine echte Begabung. Sie dringt durch Wände!

Waldemar tritt in voller Stalin-Montur auf, neben ihm Beria.

Stalin. Ich habe ihm vergeben. Er hat mir versprochen, unter euch aufzuräumen.

Beria. Ich werde meine Freilassung rechtfertigen.

Stalin. Ich weiß.

Beria. Meine erste Geste der Treue ist Valentina.

Valentina. Wie, Valentina?

Beria. Wir waren alle überzeugt, dass Valentina nur Sie liebt. Wir haben dieses Gefühl in gewisser Weise sogar geteilt. Aber es stellte sich heraus ... (*Er öffnet eine Mappe.*) Gerade erst hat mir jemand aus dem zweiten Stock diese Fotos überbracht. Klasse Jungs, sie haben schon lange auf einen Auftrag gewartet. Ich schlage vor, dass wir dort ein Gefängnis eröffnen, die Aufseher stehen schon bereit. Es wird ein gemütliches Gefängnis werden mit allen Annehmlichkeiten, es gibt also keinen Grund zur Panik. Also: Das ist unsere Valja mit dem Maskenbildner. Sehen Sie ... Er legt, sozusagen, Schminke auf ... Und hier mit dem Klarinettenspieler ... Sehen Sie ... sie versucht eine Melodie aus ihm herauszukitzeln ... Ach Valja, Valja ...

Valentina. Glauben Sie ihm nicht, Waldemar! Das sind Fotomontagen! Ich habe nur mit Ihnen ...

Stalin (*betrachtet die Fotos in der Mappe*). Die Rolle der Mutter ist ab sofort gestrichen. Der junge Stalin trifft zu Beginn des Stücks seinen Vater.

Junger Stalin. Mit dem Vater macht es auch mehr Sinn. Meiner Meinung kommt so eine religiöse Konnotation hinzu. Rebellion gegen den Vater in einem höheren Sinn. Nicht wie bei Freud.

Stalin (*umarmt Beria*). Und dieser Vater – er steht vor Ihnen. Terenti, werd' nicht blass, du musst überhaupt nichts ändern. Nur das Geschlecht umwandeln, von weiblich auf männlich ...

Beria. Mach ich. Kein Problem.

Stalin. Und zwar weil der Text universell ist. Ein großartiger Text. Ich lese ihn und heule. Hat jeder noch genug Wein?

Valentina. Waldemar! Sie scherzen doch sicher, was meine Rolle betrifft?

Stalin. Es gibt keinen Waldemar mehr. Die haben sich gehen lassen. Die Maskenbildner, die Klarinettisten ... Wo hast du hier eigentlich einen Klarinettisten gefunden? Wer von euch spielt Klarinette?

Beria. Das finden wir sofort raus.

Terenti (*steht auf*). Jetzt reicht's! Streichen Sie meinen Namen von allen Plakaten! Inszenieren Sie den ganzen Text oder streichen Sie meinen Namen ... (*rennt davon*)

Stalin. Wisst Ihr vielleicht, wie der heißt? Ich erinnere mich auch nicht. Das ist für mich echt ein Ereignis! Etwas rausstreichen, was es gar nicht gibt! (*schreit ihm nach*) Wir streichen deinen Namen raus! Machen wir! Verschwinde und lass dich hier nie wieder blicken, Idiot. Stumpfsinnige Talentlosigkeit. So einen Text kann doch jeder von uns hinkritzeln. Ja, sogar du, Nikita.

Chruschtschow. Kann ich ...

Stalin. Genau! Schreib dir deine Gesangspartie selbst – setz dich hin und schreib, du hast die ganze Nacht Zeit.

Beria. Aber wie kommt Terenti raus, wenn alle Türen abgeschlossen sind?

Stalin. Das ist mir doch egal. Er ist ein gefallener Mann. Ein Emigrant. Ein Abtrünniger. (*Beria flüstert ihm etwas ins Ohr.*) Nein, das glaube ich jetzt nicht ... (*Er droht ihm mit dem Finger.*) Lawrenti! Du willst alle Rollen spielen? Gier ist nicht gut. Los, entschuldige dich bei allen. Das war nicht gut, was Du mir gerade ins Ohr geflüstert hast.

Beria. Entschuldigt bitte, meine Lieben. Das war überhaupt nicht boshaft gemeint, mich hatte eine Welle der Begeisterung überrollt. Ich fühle – sie trägt mich und sie trägt mich und sie trägt mich ...

(Beginnt plötzlich ein bolschewistisches Lied zu singen. Nikita stimmt ein, sein Gesang hat die Klangfärbung von orthodoxem Liedgut. In der gebetsartigen Lobpreisung taucht plötzlich der Name Waldemar auf, dann Josef, dann wieder Waldemar. Der Regisseur stellt sich auf den Tisch. Alle Schauspieler intonieren ein echtes Gebet zu Josefs Ehren.)

Stalin. Und es gab doch wunderschöne Momente in dem Theaterstück dieses Deppen! Vor allem am Ende ... Erinnert Ihr euch? Wenn Ihr darum bittet, dass man euch verschonen, aber alle anderen erschießen soll ... Na, los!

Die Schauspieler beginnen der Reihe nach zu schreien:

Genosse Stalin!

Wir bitten!

Wir fordern!

Die Quote der Erschießungen zu erhöhen!

Um achthundert Menschen – in Kirow!

Um zweitausend – in Nowosibirsk!

Um eineinhalb Tausend in Leningrad!

Staatsraison!

Staatsraison!

Der Staat benötigt Leichen!

Er benötigt Gefangene.

Und Tote.

Um fünfhundert Menschen – in Chabarowsk!

Um tausend – in Gorki!

Genosse Stalin!

Wir bitten!

Wir fordern!

Die Quote zu erhöhen!

Millionen, von Kälte umgeben.

Millionen, im Schnee verschwunden.

Millionen, von Dunkelheit verschlungen.

Wir bitten!

Wir fordern!

Wir flehen!

Repressionen sind nötig! Die Zeiten sind so!

Was soll das gesteigerte, entschiedene Interesse an den Repressionen?

Werdet nicht hysterisch!

Die Politik reagiert allergisch!

Haben wir etwa nicht den Krieg gewonnen?

Haben wir etwa nicht mehr und mehr Raum erobert?

Haben wir etwa nicht Gebiete besiedelt, die für den Menschen unwirtlich sind?

Haben wir etwa nicht Straßen angelegt – bis in Regionen, die früher nur bewaldet waren?

Wo früher nur wilde Tiere lebten?

Haben wir etwa nicht vor den Augen der erstaunten Welt ein gewaltiges, furchteinflößendes Imperium erschaffen?

Millionen, von Kälte umgeben.

Millionen, im Schnee verschwunden.

Millionen, von Dunkelheit verschlungen.

Werdet nicht hysterisch!

Stopf ihnen den Mund mit der Herrlichkeit des Staates!

Der Mensch ist nichts, der Staat alles!

Der Mensch ist nichts, der Staat alles!

Der Mensch ist nichts, der Staat alles!

Stalin. Auf unser Theater!

Alle. Auf unser Theater!

Elfte Szene. »Nicht gleich seufzen, meine Herren«

Der Mann aus dem Ministerium tritt auf.

Mann aus dem Ministerium. Man wollte mich nicht reinlassen! Ich musste die Security rufen. Und dann noch Verstärkung für die Security anfordern. Das ist hier ja wie eine Festung.

Stalin. Wollen Sie was trinken, mein Freund?

Mann aus dem Ministerium. Warum nicht. *(trinkt)* Wissen Sie ... Es hat sich herausgestellt, dass mir die Worte des Präsidenten etwas ungenau überbracht worden sind. Kommt vor. Sie müssen jetzt nicht gleich seufzen, meine Herren. Alle leiden darunter. Sie sind definitiv nicht die Ersten, und Sie werden auch nicht die Letzten sein, die es betrifft.

Lenin. Oh Gott ...

Mann aus dem Ministerium. Was habe ich Ihnen gerade gesagt! Verstehen Sie, unser Präsident war bereits Pilot eines Überschallflugzeugs, er hat sich bis zum Himmel erhoben, er tauchte mit einem

U-Boot ab in die düsteren Tiefen des Ozeans ...

Valentina. Ich hab es gesehen. Unvergleichlich.

Mann aus dem Ministerium. ... Er spielte auf einem Flügel im gro-
ßen Saal des Konservatoriums.

Chruschtschow. Geniales Spiel. Wir haben vor dem Fernseher mit-
gesungen.

Beria. Ich erinnere mich daran, als wäre es gestern gewesen!

Mann aus dem Ministerium. Und gestern Morgen sagte er ver-
träumt: »Wie wunderbar wäre es, wenn Waldemar Arkadjewitsch
es zulassen würde, dass ich dieses Stück inszeniere. Ich habe doch
diese unschätzbare Erfahrung: Also wer, wenn nicht ich, kommt
dafür in Frage?« Schenken Sie mir noch einmal nach? Waldemar
Arkadjewitsch? Schenken Sie mir noch mal nach?

FINITA.

Anmerkungen:

1 Wörtlich übersetzt lautet der Originaltitel »Wie wir Josef
Wissarionowitsch beerdigten«. Während in Russland Josef
Wissarionowitsch automatisch mit Josef Stalin gleichgesetzt
wird, ist sein Vatersname im deutschen Sprachraum kaum
bekannt. Der Titel wurde daher auf »Wie wir Josef Stalin beerdigten« geändert.

2 Lawrenti Beria war ab 1938 Chef der Geheimpolizei der Sowjetunion (NKWD) und gilt als Personifizierung des stalinistischen
Terrors.

3 Eine Datscha ist ein Wochenend- bzw. Gartenhaus.

4 Wegerichen wird (vor allem) in der russischen Kultur eine heilen-
de Wirkung zugeschrieben.

5 Das folgende Gedicht wurde tatsächlich von Josef Stalin im Jahr
1895 geschrieben.

6 Kolchis ist ein ehemaliges Reich im Westen Georgiens, in der Ar-
gonautensage ist Medea eine kolchisische Königstochter.

7 Das Smolny-Institut in Sankt Petersburg war einer der zentralen
Orte, an dem die Oktoberrevolution organisiert wurde.

8 Sosso war der Spitzname des jungen Stalin, ein Diminutiv von Iosseb.

9 Keke war der Spitzname von Stalins Mutter, Ketewan Geladse.

10 Suliko (georgisch) bedeutet Seele, ist aber auch gleichzeitig ein georgischer Vorname, der sowohl männlich als auch weiblich sein kann. Die Zeile die Waldemar Arkadjewitsch hier singt, stammt aus Stalins Lieblingslied.

How We Buried Josef Stalin

A play about flexibility and immortality

Translated by John J. Hanlon

Characters

Voldemar Arkadievich, the production's director, who also plays the role of the older Stalin

Sergei Karyakin, who plays the role of Vladimir Lenin

Anna Krylataya, the personal assistant of Voldemar Arkadievich, who plays the role of Valentina, the nurse to the older Stalin, as well as the mother of the young Stalin

Terentii Gribs, the playwright, who plays the role of comrade Stalin's doctor

Giya Rkatsiteli, who plays the role of Lavrentyi Beria and the primary guard of comrade Stalin

Aleksei Balabanov, who plays the role of Nikita Khrushchev and the secondary guard of comrade Stalin

Man from the Ministry, who is compelled to play the role of comrade Stalin's second doctor Vladimir Kudravtsev, who plays the role of the young Stalin

Members of the Politburo, journalists

The Minister of Culture, in the form of two telegrams

The President, in the form of a cough above the stage

A run-through begins, in front of the press, of a play about Josef Stalin.

In the roles of the first and second guards are Giya Rkatsiteli and Aleksei Balabanov.

Scene One. »Night Watchmen«

Stalin's dacha near Kuntsevo
First: That's not possible.
Second: I swear it's true.

First: It's impossible!

Second: I swear! He said it himself.

First: To you?

Second: It's as cold as January out here. Why's it so cold? Seems to me the cold is coming from over there (*he indicates the dacha*).

First: So much »seems to you« over the past few days – it's about time for you to be shot.

Second (*suddenly speaking in a broken and agitated way*): Well, you know how he doesn't like it when people suddenly approach him? So, yesterday I was walking toward him, stomping my feet, like an elephant, booming like a whole herd of elephants ...

First: You've lost it, you bloody idiot! You've really lost it!

Second: ... like a herd of elephants, so he would know ahead of time that I was approaching, so he would hear me coming from a long way off, so he wouldn't shout at me, like when ...

First: When you got so scared you pissed yourself? Wow, did he laugh after that! Only he would laugh, the way you looked. Anyone else in his place would have shot a guard like that.

Second: What's this »anyone else«?

First: Just for example. Of course there's no one else.

Second: As an example of what? What's the point of that kind of example?

First: I wasn't saying anything like that. Are you slandering me? Me, a guard of comrade Stalin?

Second: So maybe I pissed myself ...

First: Maybe?!

Second: And do you know why? It wasn't because he started to shout, that's not why! When I approached him without any warning, he rose several meters above the table, and quietly, silently and gently, he started moving toward me ...

First: What are you saying?! Provocateur!

Pause.

First: Well, how are the wife and kids?

Second: Same as usual. During the day my wife works, at night she's with me. As for my kids ... Ever since little Natasha started taking home economics classes, she's had the same dream: a chef, she says, is what I'm going to be when I grown up. And little Peter wants to be an ethnographer.

First: What kind of child wants to be an ethnographer? Do you even know what that is?

Second: Peter explained it to me. I presented him my belt, this one, with the star, and he piped down. But now he's at it again – »an ethnographer,« he says, »I'm a researcher. I worry about people in far off places. I love them, and that's it.« Again I pulled out my belt with the star, but he held it together. Not even a whimper. And the five-pointed wounds – he hasn't laid a finger on them. He's turning into some kind of hero ... Afterward I treated them with plantain leaves.

First: Did you take him to see the doctor?

Second: What doctor?! Comrade Stalin doesn't trust doctors, and I don't trust doctors. He ordered them to burn the history of his illnesses, and I burned the history of my illnesses, and my children's, even though they were very brief, three paragraphs in all. And comrade Stalin ordered the arrest of his personal doctor, Vinogradov ...

First: He's going to tell me all about it!

Second: He had another demand: »You must absolutely put him in shackles! Immediately, in his office – in shackles«!

First: But I told you about all that myself!

Second: Exactly. And now you're here saying – bring your son to the doctor. They're all in shackles. I don't trust those kinds of people.

Pause. Suddenly the second guard again starts speaking in an agitated way.

Second: But that phrase: »Protect and conquer«? Why did he say that to me? On that Thursday, when you were late for inspection ...

First: On that Thursday when you were late for inspection! You! Why do they put up with you? Eh, why?

Second: He had summoned me. I went, stomping loudly again, like an elephant herd. But he called for me himself, because he went like this with his hand: silence, walk quietly. And that's why I approached him so shamelessly.

First: Shamelessly? You're such a freak.

Second: And a piece of paper was lying on the table, a tiiii-ny little list, and he showed it to me, and there in his own hand was written: »In the end, only death will win the day.«

First: Oh yeah. I remember, I saw it too. By chance.

Second: Then why are you surprised that he told me yesterday that he saw Lenin?

First: Well, because … You know yourself why!

Second: Because if comrade Stalin …

First: … is seeing ghosts …

Second: But is comrade Lenin really a ghost?

First: No, you really have lost it, you bloody idiot! Don't tell me Lenin came to him alive?!

Second: So – it was a ghost?

First (almost weeping): I hope the devil takes you!

Second: So, according to you, comrade Stalin is lying?

First: It's you who said that. And I didn't hear it.

Pause.

First: Come on, we saw Lenin in the Mausoleum. We went there together. He's lying down. Because dead people can't stand up.

Second: But he's not lying underground. And he has … he has everything – hands, feet, everything …

First: Dead people cannot stand up and walk! Understood?!

Second: But for the benefit of comrade Stalin? If he was coming to him personally? What then? …

Pause.

First: Well? And what did Lenin do?

Second: Comrade Stalin said that the ghost of Lenin swore terribly. And then he said, »Koba, I left you a magnificent state, but you pissed it all away.«

First: That's it! I'm going to shoot you right now!

Second (*in a state of half-crazed ecstasy*): And comrade Stalin says, »How did I piss it all away? The borders are strong, the country is enormous, the people are obedient, the granaries are full, the buildings stretch into the sky, and everyone … believes in you the Father, in me the Son, and in a proletarian heaven – toward which hundreds of happy millions are walking in stride.«

First: And?

Second: And what?

First: And what did Lenin say?

Second: You, he says, just like me, will soon turn into a corpse. And that means … you pissed it all away, everything that I left to you. Because when a sovereign turns into a piece of cold meat, a two-footed, two-handed, one-headed piece of meat … what kind of sovereign is that?

First (*pointing his gun at the Second Guard*): Are you ready? You're about to turn into a piece of meat, and everyone will say, »What kind of guard is that?«

Second: Sure, and they'll shoot you on the spot for killing a guard of comrade Stalin. Hold on, listen.

First: I can't take it anymore.

Second: Shhh!

Josef Stalin approaches them. It is the director, Voldemar Arkadievich, in make-up. Not paying them any attention, Stalin declaims these lines:

He walked from house to house,
Knocking on unknown doors,
With a lute of ancient oak,
Singing his simple song.

And in that song, that song of his –
like a brilliant beam of light,
Resounded a magnificent truth,
A dream of the sublime.

His heart, which had turned into stone,
He could compel to beat,
And many he roused to reason,
Who had drifted off to sleep.

But instead of giving him glory
The people of his land
A chalice of bitter poison
They placed into his hand.

They said to him: »Accurséd,
Drink, drain that cup …
Your song to us is foreign,
Your truth we do not want«!

He exits.

Second: Shoot me now. How frightening!

First: Not a chance. What would I do, stay here by myself?

Second: You can transfer to the outer guard. They'll treat you kindly.

Pause.

First: Was that his poem?!

Second: Yeah, he wrote it when he was a child … Come on … You didn't learn it in school? What kind of school is that?

An indistinct thump is heard.

First: Did he fall?

Second: Something fell.

First: Go. Go and check. Another indistinct thump.

First: He couldn't have fallen twice, right? If he'd already fallen?

Second: But if he was attacked by comrade … Lenin …

First: Shut up, you nitwit, Trotskyist, rabid dog, hydra …

Second: Get the doctor? Vinogradov? Out from prison?

First: You bloody idiot!

Second: Valentina then! We have to wake up Valya! If it's a false alarm, he won't hang her, he'll forgive her …

They walk quickly to get Valya, and then, infected by one another with horror, they break into a run.

Scene Two. »Just half-baked …«

After a few seconds, the guards return, together with the director Volde-mar Arkadievich, who was playing Stalin. Applause is heard, flashbulbs go off. The director gives his pipe to one of the guards/actors, who takes it from him with care; to the other one he gives the generalissimo's single-breasted, high-collared military jacket. He is left wearing a black turtleneck and white pants. He approaches the microphone.

Stalin: We have just presented to you, dear journalists and assembled guests, the first scene from a new play about Josef Stalin. Our theatre understands the charged social atmosphere that we're venturing into with this production. It might seem that it would be better to avoid this topic and not rush headlong into the fire, given that both the Stalinists and the anti-Stalinists, the conservatives and the liberals, are going to be disappointed … However, we have embraced the call of History. Understanding that … But better I hand the mic to the writer, Terentii Gribs. It's his job to form the words, ours to play them.

From the depths of the stage emerges Terentii.

Terentii: I agree with Voldemar Arkadievich: everyone is going to be disappointed, and we are prepared for that. It's totally clear now that no one understands what we believe in or where we're headed, and therefore everything appears to be off limits: both the Soviet past and the imperial past, both the Tsar and the tsar-killers, both the Church and those who demolished the churches. However, this only appears to be a paradox, and we can explain it quite simply: power must be correct in all of its decisions and actions, and therefore it acted properly both in 1905 and in 1917, both in 1937 and in every year … Our country has been shaken by many crises, but chief among these is what I would call the »crisis of overproduction of sacred cows.« One of these sacred cows, alas, turns out to be Josef Stalin …

A noise is heard in the auditorium, and onto the stage walks The Man from the Ministry of Culture.

Man from the Ministry: The Minister of Culture regrets that he was not able to come to the performance. However, he did send a telegram with his greeting: (he pulls it out of his briefcase and begins to read) »We thank the theatre for applying to our traumatic history a poultice of truth.« (*Applause*) And, as per custom, here is a medal. (*More applause as the director wearily offers his chest and the Man from the Ministry affixes the medal and leaves the stage.*)

Stalin: I am grateful for the Minister's support. The most important thing today is to put out works of art that are devoid of aspiration and holy trembling: I am glad that the Minister believes, together with us, in the cleansing power of laughter. Of course, our laughter will be profound and precise. It will be bitter. This is not the laughter of TV sitcoms. This is the laughter of tragi-farce, and it will help us to get out from underneath the shadow that has been hanging over our country for almost a century. To begin the healing process. To begin the liberation. I don't like pathos. But I would like our production to become the beginning of a grand burial for Stalinism.

The Man from the Ministry bursts onto the stage again. He is agitated.

Stalin: What, another award? Isn't that enough for today?

Man from the Ministry: Tremendous news! The Minister called! He told the President that you are currently showing the public scenes from … The President complained: what a pity that they didn't invite me …

Stalin: We … We didn't imagine … We wouldn't have even presumed …

Man from the Ministry: The President completely understands! He said exactly that: I understand that they didn't invite me out of humbleness; surely Voldemar Arkadievich wasn't deliberately ignoring me.

Stalin (*with a tight grin*): Ignore the emperor on the stage of the imperial theatre? For the premiere, the tsar's box, of course ...

Man from the Ministry: He wants to watch it now!

Stalin: In what sense?

Man from the Ministry: Right now the President is having lunch with the Minister of Culture. The President knows that you have already performed the first scene, and he would be happy if you would somehow find a way to show him what comes next. While the lunch is going on. About thirty minutes' worth, or even less. When the lunch is over, we'll give a signal.

Stalin: But how will he see it ...

Man from the Ministry: Oh, don't worry about that. A live transmission has been rolling for five minutes already. The President said: I'll be curious to see how they are planning to represent my predecessor.

Stalin (*looking up above him*): Bon appétit, mister President!

Man from the Ministry: He can't respond, but he can see and hear.

Stalin: And that line about his »predecessor« ... (*Laughing carefully, he addresses the hall*) Our president's sense of humor is unsurpassed.

Man from the Ministry (*pointing at his watch*): Lunch is in full swing, go ahead.

Stalin: We're flattered by the attention, but, you see, the play isn't yet a finished product; it's just half-baked, as they say. We would like –

Man from the Ministry: I don't believe my ears. What, would you refuse the President? Voldemar Arkadievich. This level of interest. It's awkward for me to even ask a second time ...

Stalin: Who said we're refusing him? What kind of word is that to use?! I only wanted to say, in our defense –

Man from the Ministry: He understands, he understands. He loves theatre, and he knows the difference between a rehearsal and a performance.

Stalin: We don't even have enough actors for the second scene. We'd need two more!

Man from the Ministry: Are you testing the patience of the President?

Stalin: What am I to do – ask the make-up artists to perform? The stagehands?

Man from the Ministry (*His mobile phone rings. He answers with fear and reverence*): They have served the first course. Voldemar Arkadievich, do you understand me? They have served. The First. Course.

Stalin: Got it! (*addressing Terentii*) You know the lines. I'm casting you as the doctor of comrade Stalin.

Terentii: But, but I …

Stalin: Terentii. Do you understand me?

Terentii: Yes.

Stalin: As for the second doctor … Who will play the second doctor?

The phone rings again.

Man from the Ministry (*after a pause, sotto voce*): Mister President. Yes … Oh, yes … Yes, yes … But how can I save the situation …? (*with horror*) The second course is on its way?! I am resourceful, yes … And enterprising … But I still don't understand … Play it myself? But I'm not … even an actor. Me?

Stalin: Listen to the President.

Man from the Ministry (*into the phone*): Understood. (*He puts the phone back in his pocket.*) The artistic situation requires that …

Stalin: We understand what it requires. (*He hands him a page from the script.*) The words are few. Your objective – to tremble. I'm sure you can manage that … Mister President, please don't judge us.

He withdraws.

Scene Three. The Pulse of Comrade Stalin

The Kremlin retinue, including members of the Politburo, and Valentina (a friend and nurse of »The Father of Nations«) are gathered around the body of Stalin, who is lying on a couch, staring at a fixed point in space.

Khrushchev (*whispering*): Where is he looking?

Beria: What does he see?

Khrushchev: What is he pointing at?

They look in that direction, up and to the left.

Beria: Do you see anything?

Khrushchev: Nothing at all.

Beria: Me neither. Yet he – sees! And that's the way it's always been!
Beria and Khrushchev both throw themselves to their knees and crawl toward Stalin's hand, but Beria gets their first and, in a frenzy, begins to kiss that hand.

Two doctors enter. It's Terentii and the Man from the Ministry, both trembling. Their arrival has no effect on the behavior of Beria.

First Doctor: We have to change the clothes of ka– ka– ka–

Second Doctor: Comrade Stalin.

First Doctor: Another exam is e– e– e–

Second Doctor: ...sential.

Khrushchev (*looking at Beria, who has almost lost consciousness*): I think it's best to limit oneself to a comradely handshake.

Khrushchev approaches the other hand of the leader and with devotion, with a deep inhale, shakes it. Amongst the retinue, a schism develops: one half approaches the hand for a kiss, the other half lines up for a handshake. The only one not participating in the divided ritual is Valya – she is sobbing in a corner.

Khrushchev (*to the doctors*): How moist his palms are! What does that indicate?

First Doctor: There are several different causes of sweaty palms. The first one is ...

Second Doctor: To begin with we have to undress and examine him. We've never even been here before! (*To the first doctor, quietly*) Let me do the talking, don't even start, I'm ordering you, I'm begging you ...

Khrushchev (*to Beria, who, having finally walked away from Stalin's hand, is slightly intoxicated from all the kissing*): Do you think he liked that?

Beria: I couldn't help myself.

Valya: He knew, he knew it all. Yesterday he says to me, »Do you see, Valentina, how the sun's coming out? Here in Moscow, one rarely sees the sun so early in the spring.« (*The members of the retinue exchange puzzled glances.*) Oh, you don't understand! (*She continues sobbing.*)

First Doctor: Could we take his pulse?

The first doctor approaches Stalin's body and lifts up his right hand. But the doctor is shaking so much that he constantly drops the great leader's hand and, in a deathly pallor, starts the count again and again. Stalin lifts up his left hand. It seems like he's pointing at the same spot that he was so persistently staring at earlier. Everyone, as if a spell has been cast, looks into the emptiness, hoping to discern some sort of sign, or anything at all that could so capture the attention of the General Secretary. The whispering of the retinue is heard: »Where is he looking?« »What is he pointing at?« »I don't see anything!« »I see it!« »What?« »Look for yourself.« »I don't see it! I'm gonna kill my optometrist, the bastard.«

The whispering of the guards: »Doctors are scum, even eye doctors« – »Especially eye doctors, they can affect our vision.« »And that includes our political vision.«

Someone in the retinue: »Somebody shut up the guards!« At this point, Stalin himself appears. No one notices him.

Stalin: Ha. I was pointing. I wasn't pointing at anything. I wanted to grab them by the gullet – all of them, one by one; my heart was seizing with regret that I wasn't able to drag – all of them, one after another – to their deaths.

And then I didn't give a damn (*the arm of Stalin's body comes down*). My legs became cold, up to my knees, I wanted to order them to cover me with a blanket. But my tongue wasn't listening to me. I couldn't even open my mouth. Couldn't. Even. Open. My mouth. What staggered me was that the first to get cold were the two knit-together toes on my right foot. It meant the miracle was coming to an end. Even in Siberia, in exile, in that terrible cold, when my whole body was struggling just to breathe, when it turned into a cube of ice that barely swayed in the wind, those two little heroes didn't freeze. Never! But here, in my warm dacha – I have an excellent boiler man, I went through so many before I found him! – in my warm dacha, at the beginning of spring, those two toes were the first to give the treacherous signal: »We're cold! Cover us!« It meant the miracle was coming to an end.

(*He starts to smoke, takes a seat, and with an evil smile looks at the retinue around his body. Then, with reference to his smoking ...*) It doesn't matter anymore. (*Pause.*) And ...there's no one. Even Lenin, who had shown up in my visions regularly, didn't want to come to my deathbed hallucinations ...

From above the stage a grandiose, husky cough is heard.

Khrushchev: Gesundheit, Mister President!

The room comes to life again.

First Doctor: We must …

Second Doctor (*interrupting the first*): … put the leeches on Comrade Stalin.

First Doctor: Eight of them …

Second Doctor: … on each ear …

They get down to business. Valya sobs even harder.

Stalin: Eight of them on each ear … The leeches set about their work for the good of the party and the country. I didn't get any better, but sixteen little monsters, eight on the left ear and eight on the right, filled themselves up with my blood before the eyes of those comrades-in-arms. And here I am with my comrades just looking at one another, and I pick up the scent of their fear – they fear me, each other, themselves. They're bewildered, like actors who have been sent out on stage – but no one gave them the script. What should we do?! What if we stay silent for too long? And what if we start to speak too soon? It all could lead to death – uttering a single word, or remaining silent …

He suddenly stops himself. He firmly approaches the Man from the Ministry, who is playing a doctor.

Stalin: Should we continue? Has the President not finished his lunch?

Man from the Ministry: According … According to my calculations … If, if I am to draw upon my past experience … They are now serving dessert. We must continue. They will give us a signal.

Stalin walks away from the Man from the Ministry.

Scene Four. »The mustache grows in order to bring us joy.«

Lenin appears.

Lenin: Ardent comrade! You marvelous Georgian!

Stalin: Vladimir Ilich! I was waiting! Good health to you?

Lenin: For us to wish one another good health is a bit stupid.

Stalin: Because it's a bit too late?

Lenin: Definitely for me. But you are still …

Stalin (*checking his own pulse*): Apparently alive for now.

Lenin (*indicating the group of comrades around the body of Stalin*): When your pulse stops, they'll put you under with me …

Stalin: Put me under?

Lenin: It will all be much more fun, because I'm bored to death down there … They come in, gawk and stand so quietly … It's a terrible silence, inviolable; three years ago a fly flew in, it made me so happy! I would have stood up to greet it if I'd been able to. They killed it, but the mausoleum was closed during the hunt. A lieutenant and two majors chased the winged creature, like three acrobats from the circus; for nine whole days after that, I remembered this marvelous scene, and I was laughing – but secretly. That's how it is … True, my mustache was pricking my lower lip, I mean they hardly ever shave me.

Everyone's delighted – ah, his mustache is growing, ah, dead for thirty years, yet the mustache grows in order to bring us joy, could it mean the resurrection of our favorite, our native son …?

A muffled sound is heard.

Beria (*hissing, trembling with rage*): What have you done? You've dropped the teeth of Comrade Stalin!

First Doctor: We had to clear the oral cavity …

Second Doctor: He didn't do it on purpose, it was because of his tremendous awe …

First Doctor: What do you mean – he? It was you who dropped …

Second Doctor: What, did I push my own elbow?

First Doctor: I was never anywhere near your elbows …

Second Doctor: What are you saying? Ah! … You want to take over my department?

The first doctor drops to his knees.

First Doctor: He's raving. We'll atone for this.

The second doctor drops to his knees.

Second Doctor: I'm raving. We'll atone for this.

Beria: To the tribunal with you. Both of you!

Stalin and Lenin start to laugh, though Stalin laughs with some bitterness.

Stalin: You dropped the teeth of Comrade Stalin … While attempting to clear the oral cavity … Yes, it's the stuff of Faust …

Lenin: And had it not occurred to you that someday you would lie beside me? That what awaits us is an eternity together?

Stalin: It had … When I visited the Mausoleum … But is that immortality?

Lenin: Yes, it's a lousy one … But it's all we've got. And you won't believe the lines they'll form! Communists from Thailand, France, Bangladesh, Germany ... From all over the world, a mighty communist torrent will flow toward us, and we'll lie side by side, and quiiii-etly, quiiii-etly converse like this ... I have some little games I play down there, I'll show you ...

Stalin: Little games?

Lenin: I'll show you!

Stalin: And if death doesn't take me? If it lets me lie here for years? Lets them become the laughingstock, lets them become accursed! ...

Lenin: Don't you worry about that. You'll be dead before dawn. I guarantee it. (*He hands him shaving equipment.*) But for now ... Can you ... Sense what I want you to do? (*Stalin takes the equipment and begins to trim Lenin's mustache and beard.*) Yes! Wonderful! Just like back then, in October of 1917! ... So I can finally laugh without pricking myself! Yes!

And on the sides, on the sides ... Without broad gestures! Do it like you did back then ...

Stalin: Before your brilliant, historic speech!

Lenin: Back then you trimmed my beard and mustache magnificently! I knew who to give that task to. (*He looks askance at the excessively sweeping action of the straight razor.*) Are you shaving or conducting?

Stalin: It was hard for us to reach the Smolnyi Institute that day, I barely managed to give you a shave and a haircut ... Remember how they burst into the tsar's wine cellars, and everyone started to get drunk, even the firemen? Then, following your order, all the bottles and casks were smashed, and people lapped up wine and vodka right out of the gutters ... Before I undertook my historic shave of the leader of the worldwide proletariat, I rode past the Winter Palace and saw how peasant men and even their wives were drinking from puddles on the street this new revolutionary beverage ...

Lenin (*laughing*): Dirt with alcohol? And why is it that these images have been preserved in your memory? From such an incredible time? Alcohol-infused dirt ... Why that?

Stalin: What do you remember?

Lenin: Hey! Be careful, my little Georgian! Back then, in 1917, you were deferential ... Don't touch that vein! It hasn't beat in thirty years, but all the same don't you touch it! ...

Khrushchev (*to Beria*): Did you bulk up the security? No outsiders can get in here, right?

Beria: You're anxious, Nikita; that's why you're asking such stupid questions. Forget about it. At this point we can't control everything ourselves.

Stalin: But, after all, wasn't it one of them who murdered me? Which one managed to do it?

Beria (*suddenly unable contain himself, he cries out*): How on earth can we go on without him? Does anyone have a handkerchief ... I was rushing and didn't grab anything, anything at all ...

Khrushchev approaches him, gives him a handkerchief and puts a hand on his shoulder. Suddenly he starts to weep, and Beria joins him. They share one handkerchief between them.

Lenin (*directs the attention of the Stalin standing next to him to the Stalin lying on the couch*): Can you hear it? Inhale-exhale, inhale-exhale – and a pause. It's a portent of Cheyne-Stokes respiration. Of your last breath.

Suddenly the Man from the Ministry takes off his doctor's smock and throws it on the floor.

Man from the Ministry: Dessert has ended!

Stalin: Which means the President ...

Man from the Ministry: Is gone! Gone ... Pause.

Stalin (*uncertainly*): Then we're ... Done?

Man from the Ministry: Of course! Of course, of course you can all ... (*He almost runs from the stage*).

Stalin (*into the auditorium*): Thank you for your attention, thank you for coming ... That concludes the preview ... We'll hope to see you at the premiere in three weeks ...

Scene Five. »The dessert remained almost untouched ...«

The audience disperses. Sitting at a table on the stage are Voldemar, in the clothes and makeup of Stalin, and, also still in makeup, the actors playing Lenin, Beria, and Khrushchev. Valentina stands nearby.

Lenin: The audience seemed to like it ...

Khrushchev: And the most important viewer? (*Beria shrugs his shoulders.*) Whose censorious cough was that, eh? It rumbled above the stage and faded away ...

Beria: That doesn't happen, Nikita.

Valentina: Voldemar Arkadievich, they called from your museum ...

Stalin: Well?

Valentina: They are asking for the costume that you just performed in. They want to place it in a glass case and write: in this costume, in the role of Stalin for the first time ...

Stalin: What's the big rush? My museum hasn't even opened yet. We're opening it on my jubilee, which is still a year away. And look, with these nerves, I might not even make it ...

Valentina (*clasping her hands together*): Don't say that!

Lenin: There's no need to get upset, citizen.

Valentina: Ah, you understand nothing, nothing ...

Stalin: Stop playing your character. Stop it right now. Good. Now, in the museum, where they have my diplomas and prizes, you won't forget to write, »Voldemar Arkadievich regarded awards with irony,« right?

Valentina: They've already got it down, I saw the placard. I do need to remind you about what's happening today. We have a big schedule of events ...

In the depths of the stage appears the Man from the Ministry. He is acting sorrowful. Valentina doesn't notice him.

Valentina: In the Studio theater tonight there will be an artistic meeting with an actor who played under your direction twenty years ago; in the New theatre an artistic meeting with an actor who performed with you at the helm thirty years ago. You'll have to move quickly from venue to venue, so we've purchased a vehicle, you know, those comfortable ones that go around at airports, indoors, we've decorated it with flowers and posters ... You'll have to make a stop along the way for the opening of a photo exhibition in the foyer, devoted to your creative output from your first steps in the theater up until that day when ... (*Voldemar Arkadievich raises a finger to his lips, Valentina stops talking.*)

Stalin: Don't torment us.

The Man from the Ministry silently hands a telegram to Voldemar Arkadievich, who passes it to Valentina. She begins to read it.

Valentina: It's from the Minister. »Consider my previous telegram null and void. Do not deposit the telegram into the theatre's archive. Destroy it in the presence of my colleague from the Culture Ministry.«

Khrushchev: My god …

Man from the Ministry: It must be destroyed right now.

Stalin: What? Burn it? And our production? Burn that too?

Man from the Ministry: I have no instructions on that subject. Where is …

Valentina locates the previous telegram, looks at the director, who nods; she places the paper in an ashtray and sets it aflame. The Man from the Ministry gathers up the ashes in an envelope and hides it in his pocket. He prepares to leave.

Stalin: Hold on. Are we to …?

Lenin: If the telegram has been retracted, how are we to understand the course of things to come …

Beria: We want to have clarity.

The Man from the Ministry comes near, whispers.

Man from the Ministry: What I said there, in front of everyone. I told you that the President had finished dessert. So I had mercy on you.

Khrushchev: My god …

Man from the Ministry: In point of fact, he didn't come close to finishing it. A basket of sweets. With raspberries. It sat there almost untouched. *(Pause.)*

Lenin: What are we to make of that, comrade?

Man from the Ministry: Fine. I'll clarify. Can I be certain that everything said here will also die here?

Valentina: Why use those words …

Stalin: It'll die here.

Man from the Ministry: The Minister of Culture approached the President. Who was upset. *(Pause.)*

Stalin: And so?! *(Beat.)* Forgive me.

Man from the Ministry: It's not good, said the President, that your hero dies. A death isn't needed.

Stalin: Then what's needed?!

Man from the Ministry: Yes, without any regard for himself, that's exactly what the Minister asked.

Stalin: And?

Man from the Ministry: A birth is needed.

Beria: What, right in the maternity ward, with midwives all around? Little baby Sta –

Stalin: Save the jokes, Lavrentyi, for better times.

Man from the Ministry (*imposingly*): A death is not needed. The President got upset. And humor is not needed, farce. Now is not the time. He said, »Step into the depths.«

Khrushchev: My god …

Man from the Ministry: To be honest, I envy you.

Stalin: How's that?

Man from the Ministry: Because usually the President is silent. Or he speaks so cryptically that it leaves you guessing, wracking your brain. But for your sake he spoke all those words, and everything is clear. All the other ministers became envious of us.

Stalin: What else did he say? Please tell us without anymore of these pauses. My actors are all about to have heart attacks.

Valentina: As is Voldemar Arkadievich …

Stalin: This isn't about me.

Man from the Ministry (*ceremoniously*): Our minister, risking himself for your sake, said this to the President: In our society there's no consensus about the Father of Nations. One man curses him, another man praises him. Our society is tense and divided. Mister President, we want to know: How do we feel about Stalin?

Stalin: And what did he say?

Khrushchev: My god, what did he say?

Man from the Ministry: For a long time he was silent.

Stalin: And then?

Man from the Ministry: And then he blew his nose.

Stalin: Well, then what?

Man from the Ministry: It's not by chance, he said, that human beings have two eyes. Two, he said, and not one.

Stalin: So you've decided to go ahead and give my actors heart attacks?

Man from the Ministry: Because with one eye it's necessary to see the tyrant and butcher, and with the other – the mighty builder of the state. Then the minister asked … My God, light a candle for his good health, how he fought for you today!

Stalin: We'll do it! We'll do it all! I'm begging you – continue!

Man from the Ministry: The minister asked, does that mean it's best to remember Stalin as a butcher-hero? Once again, the President fell silent. Then the minister summed things up ... You know, I'm describing this now, and I can't believe it ... Our minister is a man made from a heroic stamp, that's what I have to tell you. He summed things up – does it mean that the societal consensus will be based on this principal: a tyrant-builder and a butcher- hero? And the President looked at him significantly. Using both of his eyes, Voldemar Arkadievich. Using both his eyes.

The Man from the Ministry withdraws.

Beria: If we're following the rules of this conspiracy, we also need to burn the new telegram from the ministry. The one that directs us to burn the previous one.

Lenin: Why is that?

Beria: Otherwise there will be circumstantial elephants of his approval.

Stalin: What the hell are you talking about?! Circumstantial elephants?!

Beria: I said, circumstantial evidence revealing that the Minister approved, at first, that which the President later condemned.

Stalin: You're a bootlicker, Lavrentyi ... Burn it.

He passes the telegram to Valentina, and she burns it.

Stalin: They smell strange, these burned ministerial telegrams ... They smell a little sad somehow ...

Valentina (*sobbing*): It's the smell of unfulfilled dreams ...

Stalin: So then, a birth ... And the humor has got to go ... There's no death in the Kremlin, of course ... And there's nothing funny there either, as we should have known ... And the premiere is in three weeks.

Valentina: And how about we don't change anything?

Everyone laughs, but Voldemar strokes her head in a fatherly way.

Stalin: We won't change anything. We'll simply shorten it.

Lenin: Yes, there really is stuff there that can be cut! We've got to make the idea crystal clear, and only then present it to the public.

Beria: To be honest, the irony made me uncomfortable inside. I really don't understand – what were we laughing at?

Khrushchev: My bewilderment is more general: I can't understand why we laugh.

Stalin (*gets his pipe, lights it, takes a puff*): So you'd hand me over just like that, eh? As soon as the wind blows in the other direction? (*To Valentina*) Human beings are the most abominable of God's creations.

Valentina: Write it down?

Stalin: Don't make a fuss. Just remember it.

Scene Six. »Farce is obsolete, Terentii.«

The artist Vladimir Kudravtsev runs in. He is dragging behind him a resistant Terentii.

Vladimir: Voldemar Arkadievich, this one wanted to run away from the theater.

Stalin: Don't call the playwright »this one.« In case you didn't know, he's the most important person in the theater ... Wanted to run away?

Vladimir: Uh-huh, to desert the territory.

Stalin: Run away from the theater? Terentii? There are only spectators out there. You'd just get depressed. (*To the actors*) Why did you stop him? Let this boring human being go. (*Terentii heads for the exit.*) But, Terentii, according to our contract the theater has the right to revise the script. And the scale of the revisions, alas, is not specified. But that's nothing, you can take us to court. Though the case, alas, won't be heard until after the premiere. Clear out, Terentii, until our day in court. I won't be there; you won't see me anymore. You'll be met by my brilliant legal department.

Terentii: Why are you acting this way?

Stalin: And you, while you were running away, you didn't think about how you'd offend me? Sit down. While you were playing the deserter, we had a meeting here. A serious one. Just don't think, brother Terentii, that we succumbed to pressure. Or is there some suspicion lurking there in your liberal heart? It was just the first run-through: it uncovers the weak spots. It reveals abscesses, the artistic defects.

Beria: Defects there are.

Khrushchev: There are abscesses.

Stalin: You see. But all this is pointless ... (*He walks around Terentii, who is sitting in a chair.*) It's a brilliant play, Terentii! Magnificent! But you've got to cut it down to a third of its size and write a new beginning. That's all! (*Terentii endeavors to run, Khrushchev and Beria stop him.*) There are three weeks before the premiere. But before that there were two years of work, anticipation, dreams ... What, Terentii, would you throw away two years of your life? You are a rational human being. You'll publish your play in its full form. I will write the introduction. You'll stage it in its full form in a different theatre – I'll help you.

But here ... I want to ask you as a gifted human being: why is there so much stuff in your play, yet not one scene with the mother?

Terentii: With whose mother?

Stalin: With Stalin's mother. After all, we're not going to just show this old man to the audience. (*He points to himself, and Valentina cries out: »Don't talk like that«!*) We have to understand that horrific moment when the young Stalin turns into a monster. Let's go deep. Are you capable of going deep? Straight into the soul of a monster, beneath the surface, into the underground! We'll pose the questions – why did he turn out like this? He had been a splendid chap, he loved the Bible, honored his mother ... We have to show the birth of Stalin. Yet you began with his death. Terentii! You violated the laws of nature!

Everything that I'm saying – it's a summons, Terentii. It is ... How do they say it now ...

Beria: A challenge!

Stalin: Exactly! Just now, we all saw the reaction of the audience. They don't get the laughter. Satire is obsolete, Terentii. Farce is obsolete. Alas.

Terentii: When did it become obsolete? An hour and a half ago? (In horror, the actors cover their faces with their hands.)

Stalin: A creative human being has got to be a daredevil. (*To the actors*) Learn from his example!

Valentina (*to Terentii*): In case you'd like to know, mister daredevil, for his eighty-year anniversary Voldemar Arkadievich has planned such an audacious action that you couldn't even dream it up!

Stalin: Enough, Valya! ... But as regards obsolescence. You're in the theatre, Terentii. Here anything can become obsolete in an instant. Chin up! If we see that it's gone poorly, I'll be the first to announce: put it all back in! Well, Terentii? (*To Beria and Khrushchev*) I refuse to accept it. A creative human being, a young man – avoiding experimentation? Averse to risk?

Beria: He adores his comfort zone. It's his cradle.

Khrushchev: His cloister.

Stalin: That's it. I'm worn out. Open the doors. Wide open. I'm not going to hold back or try to convince anyone. Does anyone else want to leave? Does psychological realism disturb you? An attempt to climb into the abyss of a monster's soul? Who wants to put on airs, to giggle and jump around the stage, ignoring the life of the human spirit? I'm not holding you here. And I'm especially not holding you here, Terentii. (*He approaches him, extends his hand in parting.*) This task is not for you, my dear humorist. So what, it happens. No hard feelings.

Terentii: Give me a moment to adjust, you're like an avalanche ...

Stalin: Adjust at home with some chicken noodle soup. Right not you've got to concentrate and – soar! Just fly in a completely different direction, Terentii, than we were flying in before! Turn from the West to the East, Terentii! Do you hear that? It's not the sound of banknotes, though there is that, of course. It's the sound of a new dream spreading its wings!

Beria: Nikita and I can hear it.

Khrushchev: What's wrong with Terentii?

Beria: Deafness is setting in ...

Khrushchev: He'll cure himself – we believe!

Stalin: And our little Volodya (*pointing to Vladimir, he addresses Terentii*) displayed magnificent artistry when he seized you, isn't that so? Do you appreciate it? And what flair? Eh?

Beria: Marvelous flair!

Khrushchev: And marvelous artistry!

Stalin (*to Vladimir*): I'll reward you! In the new production you will play the young Stalin! Young Joey!

Vladimir (*suffocating with joy*): I ... I will justify! All the faith you've placed in me ... Wholly! ... Completely! ... All the hopes ...

Stalin: Easy, easy, Volodya. Get into character already. Little Joey doesn't rush. His words are weighty, his movements aren't in vain. This is a future ruler, Volodya. There's no need to squeal. Are we agreed? (*Vladimir nods. He attempts to transform himself. Voldemar addresses Terentii.*) Inspire him! Inspire us and return to the script! I await the results tonight.

Beria: We all await them.
Khrushchev: And we believe.
Beria: He's a first-rate talent – he'll figure it out.
Khrushchev: It'll be a cinch for him.
Stalin: Our faith is absolute.

Scene Seven.
The birth of a monster from the spirit of a chicken

Rehearsal of the first scene of the revised play. Anna Krylataya is now playing Stalin's mother; Vladimir Kudravtsev is playing the Young Stalin. The other actors are observing.

Young Stalin: How is your health, Mom?
Valentina: Joey, eat the chicken more slowly ...
Stalin *(to Terentii)*: It's a brilliant script. Simply brilliant.
Terentii: Why are you ...
Stalin: You're not a theater worker. You're a writer. You have no clue how much there is in those phrases. But you've got us. Give thanks that you've got us.
Terentii: Thanks.
Stalin: You see, right there. It's just a single ›thanks‹ – but it's got irony and hopelessness, bright faith in me and a deep lack of faith in me as well ... And that's just one word, Terentii. What's that look? Oh, these authors ... They don't understand anything. They write ingenious stuff, like these phrases here, and don't even realize it. They write a bunch of crap and make a big fuss about it ... Just like you were making a fuss about the scenes that we performed yesterday. What was in them, really? A lot of giggles and winks. You just watch, how we flesh out your script right now. Watch the magic happen, Terentii. *(To the Young Stalin)* Eat the chicken, but eat it like the monster who will devour people in the future ... Yes! It's already better! Imaginary fangs! I don't see the imaginary fangs, Volodya! Yes ... Yes ... They're growing ... Oh my god ... Incomparable ...
Young Stalin *(to Valentina)*: How is your health?
Stalin: No! No! My dear Volodya ... Deliver it, so that we hear something entirely different in that question ... This creature is dream-

ing about plunging everyone into the flames of hell, my dear Volodya! Even his mother, especially his mother, we know this from the archival material that Terentii obtained ...

Terentii: I didn't obtain –

Stalin (*he blows smoke into Terentii's face and addresses Volodya*): Say, »How is your health?« – so that underneath it we hear: »When, oh when, are you going to die, you old hag?«

Young Stalin: When, oh when, are you going to ... Oy, forgive me ... How is your health?

Stalin: That's better. But do it like this: »How is« – that's the first lick of the flame, and »your health« – that's already a roar, the roar of hell fires ... Try it, Volodya ...

Young Stalin: How is your health?

Beria and Khrushchev applaud.

Stalin (*to Terentii*): And that's just the beginning. In a week's time he'll be saying that line in such a way that they'll put it in textbooks on the history of theatre. Valentina. Let's go.

Valentina: Joey, eat the chicken more slowly ...

Stalin: Valentina! Are you forgetting that we're working with a mystical script? (*To Terentii*) Yes, yes, mystical. (*To Valentina*) That's not simply a phrase – »eat the chicken« ... You've already realized that a demon has implanted itself in your son ...

Valentina: But, Voldemar Arkadievich, when did I realize that?

Stalin: A magnificent actor's question! Your lessons in audacity, Terentii! You realized it this morning. And now you regard that little chicken like a magic potion ... No, not ›potion‹ ... Like magical food. Because you poured into that little chicken all of your love, all of your hope, Valentina! And you are presenting this food to your son with the hope that he will eat it, and the demon will hurl itself out! And you will see your little Joey, your beloved little Joey, as he was before!

Valentina: Joey, eat the chicken –

Stalin: A mother's despair! Invest it with more motherly despair, Valentina!

Valentina: Joey, eat the chicken more slowly ...

Stalin: Break the line into two parts. »Joey, eat the chicken« – that's full of despair. »More slowly« – that's full of hope. That your son will be cured, Valentina.

Valentina: Joey, eat the chicken more slowly ...

Stalin: You need to practice it more.

Valentina: While for him (*pointing at the Young Stalin*) it's immediately »incomparable« ... (*she is on the verge of tears*).

Stalin: Your task is more complicated, Valentina. And it's about to get even more complicated. Are you ready for it to get even more complicated?

Valentina: I'm ready.

Stalin: Deliver that »More slowly« part with the opposite intention. Do you see? In point of fact, you want him to oust the demon more quickly ... So, deep down »more slowly« to you means »faster, I beg you, faster«! Do you see? Infuse that phrase with the dialectic, Valentina! With the dialectic!

Valentina: Joey, eat the chicken more slowly ...

Stalin: Genius!

Beria: Isn't all this too daring, Voldemar Arkadievich?

Stalin: You've decided to start joking again, Lavrentyi? You know I've got a big joke ready for you.

Beria: I'm not joking at all. I fear they may suspect that this chicken is actually an eagle ...

Stalin: That's bullshit! And even if they do, so what?

Beria: The symbol of our state ... Stalin, it turns out, is gorging on the symbol of ... Voldemar Arkadievich, I'm glad that you're smiling. But we have to be aware of the risks.

Stalin: You know what, Lavrentyi. I won't allow anyone! Anyone! To interfere with my self-expression. You may be right. But this scene determines everything; it shows the beginning; here we see how, from out of a young man, a beast begins to hatch, a monster ... I will not back away from this scene. Not for anything. Even if the police come.

Valentina (*to Beria*): I understand perfectly well how much you'd like it if I had no role in this production at all.

Khrushchev: There's no need to treat Lavrentyi like this. His suspiciousness is an asset. And if he becomes completely rabid – we'll shoot him! (*Everyone laughs, except Stalin and Terentii.*)

Valentina: I know why he's taking vengeance on me. Voldemar Arkadievich, he solicited me. Drunk, filthy, and depraved – he solicited me.

Stalin: Lavrentyi ...

Beria: It's slander!

Valentina: Prove it!

Beria: How in the world can I prove that I didn't do something?!

Stalin: Brilliant. Stalinism is in the air, just as we wanted! All right, Lavrentyi, prove you're innocent! Quickly! Quickly, while I still have faith in you. Well, come on ... Well ...? That's it. My faith is gone. You're a traitor, Lavrentyi. You are an enemy. Oh, I'm joking, come on, my god. I have news for you, Lavrentyi and Nikita. There's nothing bad about it. Artistic news, and it doesn't have anything to do with morality. Accept it with an open, actorly heart. Khrushchev and Beria will not be in the new production.

Valentina: So sad.

Beria: Josef! I don't believe ...

Khrushchev: Voldemar Arkadievich, this is a tragedy.

Stalin: I understand.

Khrushchev: How we dreamed about these roles ...

Stalin (*with a heightened intonation*): A theatre is an empire. What is one little actor's fate in comparison to the fate of a whole theatre? The decision has been made. Your talents will be needed in the future. Now is not the time. (*To the Young Stalin and Valentina*) And so, young Josef, my dear Keke, let's not be distracted, we're moving on (*to Khrushchev and Beria*), and you two go out into the auditorium ...

Young Stalin: How is your health, Mom?

Valentina: Joey, eat the chicken more slowly ... Beria and Khrushchev exit.

Scene Eight.
The kites of Stalinism and the falcons of liberalism

Beria and Khrushchev

Beria: Try to eat the chicken ...

Khrushchev: How is your health? (*They laugh somberly.*)

Beria (*mimicking Voldemar Arkadievich*): The empire doesn't need you, the theatre's fate is more important than your fates ... Does he think that he's an empire? That he's the theatre?

Khrushchev: It's a tragedy, a tragedy ...

Beria: The theatre is dying, Nikita. Now this is clear, as well as the fact we will not be in the new production.

Khrushchev: It's so painful ... I can't believe it.

Beria: And now what? Are we going to sit amongst the audience at the premiere? Applaud and swallow our tears? Is that what we worked two years for? I'm terrified.

Khrushchev: Of what?

Beria: I'm afraid of my own thoughts, Nikita.

Khrushchev: Let them out.

Beria: Voldemar is pushing the empire into an abyss.

Khrushchev: It's a tragedy.

Beria: You and I, Nikita, are the Himalayas ... And all these little actors ... They fawn over him, if only to save their little roles.

Khrushchev: It's disgusting to watch.

Beria: You know what I call the style that Voldemar is prepared to work in? And, by the way, he's been working like this for a long time. Out of fear. »Not-a-candle-for-God-not-a-deal-for-the-devil.« Or – »no-way-ism.« It's a very contemporary style, by the way, for those who want to save themselves. Voldemar has already directed productions like that, where he kept himself aloof. But this one is especially dangerous, Nikita.

Khrushchev: Especially dangerous, Lavrentyi.

Beria: You know what this premiere is going to be? It'll be the premiere of the outstanding instinct for self-preservation of Voldemar Arkadievich. To participate in all of that – it's disgusting. It's vile.

Khrushchev: Really?

Beria: Our emperor has lost his senses. I was seeing it already yesterday, when the shocks from the telegrams began. The illness spread more quickly than I thought it would. But not more quickly than I write. I foresaw it all. (*He pulls out of his pocket two sheets of paper.*) Here we'll have your signature too, Nikita. And when Voldemar falls, he won't drag you and me into the abyss with him! Here are two ... denunciations. One – to the organization of anti-Stalinists. And the other – to the place where Stalin is revered and adored. Our local Stalin thinks that he's outsmarted everyone. Thinks that he'll run between the streams of Stalinism and Anti-Stalinism, to oblige both our people and their people! To pass off silence as opinion, alarm as objectivity, terror as neutrality, and a creative impasse as deep thought! But these little denunciations ... They will change the optics, bring things into sharper focus. Reveal the weak spots – for both the Stalinists and the liberals. (*In ecstasy*) The kites of Stalinism and the falcons of liberalism will descend upon Voldemar! And we will stand aside, while they gnaw on his little bones. Stand there and whisper in his ears: Are you in pain, Voldemar Arkadievich? It looks like they're pecking out your eyes? Ah, already? And what now (*shaking his head*) Your spleen ... So sad ... Well? Are you with me?

Khrushchev: Unh-uh. I'm outta here.

Beria: After all that we've said?

Khrushchev: I was only listening, Lavrentyi.

Beria: But your signature? Your signature? You will perish! Alongside him! You fool, with what they did to your role ... You fool!

Khrushchev exits. Beria rushes after him.

Scene Nine. Or maybe I'll shoot you all in the dining hall?

Voldemar Arkadievich and Terentii.

Terentii: I understand that theatre involves compromise. I'm not proposing that we stage the whole play, in full, I'm not stupid, and I understand that they're pressuring you –

Stalin: You are mistaken, Terentii. You're just like a child. Pressuring ... Who can put pressure on Voldemar? Do you know what principle should be adhered to? Think before you speak. Those who do the opposite have lives that are troubled, short, and sad.

Terentii: Okay! They're not pressuring you.

Stalin: That's right, Terentii.

Terentii: But to not stage event twenty percent of the script?! At least do half of it. Otherwise, the tone is lost, the whole idea is lost, and I don't understand anymore who the play is about, who exactly is your ... our Stalin, what we came together for, I don't understand ... To tremble with fear and show everyone how scared we are? Of a ruler who died long ago?

Stalin: You're still like a child. That's bad. Because you are not a child.

Terentii: Voldemar ...

Stalin: Do you know how much our Nikita is suffering? Just now, he was hitting his head on the board with the cast list. Didn't see his name there and started to hit it. He broke the board. He broke his head. (*He pulls out a piece of paper and shows it to Terentii.*) The cast list. With Nikita's blood. Take it.

Terentii: What for?

Stalin: So that you experience drama. Real, not imaginary, drama. Nikita had a fit, they called an ambulance. He suspected that he'd been insulted. But all the same he stayed in the theatre. Tied a shawl around his head and stayed. I hope, he says, to fulfill my obligation as an actor and a citizen. It's like that, Terentii. Have you heard how he sings? Write him a tiny little role, so that our injured man can sing from the stage.

Terentii: What kind of role could he sing …

Stalin: Suddenly, somewhere in a forest glen, an unexpected singer delights the ear of the future dictator … You can dream up better than I can where he could sing; I'm not your advisor on this one, you have complete control. Just save Nikita.

Terentii (*shrugging his shoulders*): Then we'll have to save Beria too.

Stalin: Oh, no! He's a traitor. (*Quietly*) He's in a cell now.

Terentii: Wh- what?!

Stalin: Nikita suggested it! As a joke at first, but then everyone got carried away … Nikita most of all: Absolutely, he shouted, lock him up in chains (*he laughs*). We have a little room here, the dressing room of an actor who died long ago, there's no heat. Lavrentyi is cooling off there now. Howling. But what's to be done? Otherwise, God only knows what he'd spread around the city before the premiere. So Nikita must be rewarded. Let him sing. He has served us well.

Terentii: But the cell – is that a joke?

Stalin: You don't need anything on the fifth floor, do you?

Terentii: What would I need there?

Stalin: Then it's a joke. (*Terentii rises up to leave.*) Think about Nikita, think about our singer. About the actor and the citizen! (*Terentii exits, Voldemar Arkadievich sings with a slight Georgian accent*) Where are you, my Suliko … (*He puts on the white jacket of the generalissimo, starts to smoke his pipe.*) Around me are don-keys, goats, and shrews, And no one at all – to talk to. (*Getting into character, he speaks in a heightened tone.*) Around me are donkeys, goats, and shrews. And no one at all to talk to. I am alone, like the Lord himself. Surrounded by traitors. Each with a knife behind his back. Do they know how hard it is to be an emperor? And how sad it is to see only snouts around you. Not a single face. (*Lenin appears.*) Oh, you are heavy, Lenin's cap ... (*He laughs*).

Lenin: Josef, I can't believe it.

Stalin: That I poisoned you once? Believe it. Beyond any doubt.

Lenin: And you cut me out? My role! You cut out ...

Stalin: Your historical role?

Lenin: I'm leaving.

Stalin: Unfortunately, exiting the theatre before the premiere is impossible. For the next three weeks we are all – one big, terrible family.

Lenin: If I don't have a role, what am I here for?

Stalin: To cement us. To strengthen us. To shut up.

Lenin: I'll leave!

Stalin: My doubts concerning your departure are equal to my sadness.

Lenin: What sadness? What's gotten into you?!

Stalin: Take off the bald cap already. What kind of Lenin are you? You're a two-faced turncoat, and there's no need to pretend ...

Lenin: What kind of Lenin am I? No kind at all.

Stalin: Exactly right. Exactly right. Not one of you here has really become your character. For now I'm still deciding about the production. It's possible that we'll find a spot for you. But for now get out. Everyone is spending the night in the restaurant.

Lenin: What? Come on, are you serious? In the restaurant on the fifth floor?

Stalin: No. Don't go to the fifth floor, the howling there is unpleasant. And you're a sensitive one. Our restaurant is on the sixth floor. (*Turning toward an icon, he crosses himself.*) My Lord! These people have worked in the theatre for decades, yet they haven't found the time to learn what's on what floor. And with those kinds of people, Lord, you're suggesting that I create a great production? With those kinds of people, you're suggesting that I build the greatest theatre in the world? Oh, wouldn't it be better to shoot them all in the dining hall? And choose new people? People who are clean? (*He turns back to Lenin.*) To the restaurant. I've ordered them to warm up a free dinner for you all.

Scene Ten. »Don't believe it, Voldemar! They're fake«!

At the restaurant. A fully set table. The actors and Terentii are eating in silence. From time to time the screams of Beria are heard.

Terentii: I tried to free him.

Lenin: Why?

Terentii: You mean how?

Khrushchev: Aw, he's ecstatic that they've locked him up. Otherwise he'd be getting up to no good, and then he'd come crying, begging forgiveness.

Terentii: How is he ecstatic – he's howling.

Valentina: A person ought to maintain his dignity.

Lenin: And he's doing that splendidly.

Beria: Oh, guiltlessly I suffer, guiltlessly!

Pause.

Terentii: I think I'm going to leave.

Valentina: But all the doors are locked.

Terentii: Did you try to open them?

Valentina: We know that they're locked.

Khrushchev: The order is posted.

Valentina: I helped write it.

Terentii: What's going on?

Khrushchev: A normal artistic process – why are you getting so exasperated? These authors ... Have you written a scene for me? Did Voldemar Arkadievich tell you that I am to sing? A whole lot? Then write it. You've got loads of time. Voldemar Arkadievich decreed that you are to sleep in the kitchen, separately, not like us, between the tables.

Terentii: Take any role you like and sing.

Khrushchev: Really?

Terentii: Do what you want. I don't care anymore.

Beria (*from offstage*): Voldemar Arkadievich! I'm begging you! Even a tiny role ... I ask forgiveness for my stupidity ... Thank you for incarcerating me ...

Valentina: There's that voice.

Beria: I understand now! I'll make amends!

Khrushchev: That's a real gift. To penetrate walls like these!

Voldemar enters dressed in the complete regalia of Stalin. Next to him is Beria.

Stalin: I have forgiven him. He's promised me that he'll establish order here.

Beria: And I will.

Stalin: I know.

Beria: For my first act of devotion: here is Valentina.

Valentina: What about Valentina?

Beria: We all were so sure that she loved only you. We thought that we all loved only you. Yet it turns out ... (*He reveals a file.*) I have just received some photos taken from the second floor. These boys are great, they'd been wanting to do some work for a long time. I suggest we open a prison up there; the guards are already in place. It's comfortable, with all the amenities, there's no need to panic. And so: here's our Valya with the make-up man. You see ... He's making up, as they say, her face ... And here she is with the clarinet player ... You see ... She's trying to pull a melody out of him ... Ekh, Valya, Valya ...

Valentina: Don't believe it, Voldemar! They're fake! It's only you I –

Stalin (*examining the photos in the file*): The role of the mother has been removed from the play. At the top of the show, Young Stalin has a scene with his father.

Young Stalin: It will be better with the Father. That way it takes on a religious significance, in my view. The revolt against the Father in the highest sense. Not only the Freudian one.

Stalin (*embracing Beria*): And here before you is the father. Don't lose heart, Terentii, you won't really have to make any changes. Just switch the pronouns from female to male ...

Beria: I'll change them. It's not a problem.

Stalin: And that's because the script is universal. It's a magnificent script. I read it and weep. Does everyone have wine in their glasses?

Valentina: Voldemar? Are you joking about my role?

Stalin: There is no more Voldemar. You've all come unraveled. Make-up men, clarinet players ... How did she find a clarinet player here? Which of you plays clarinet?

Beria: We'll figure it out right away.

Terentii (*rising*): That's it! That's it! Remove my name from the posters! Perform the whole script or remove my name from the posters ... (*He runs off.*)

Stalin: Does anyone even know what his name is? I can't recall it.

That would be quite a feat. To remove what doesn't exist. (*He shouts*) We'll remove it, we'll remove it, go to hell, you idiot. A complete lack of talent. Any one of us could write that kind of script. Yes, even you, Nikita.

Khrushchev: Maybe I could …

Stalin: You really could. The song you're going to sing – sit down and write it, you've got the whole night.

Beria: But how is Terentii going to leave if the doors are locked?

Stalin: I don't care. He's a dead man. He has defected. He's betrayed us. (*Beria whispers something in his ear.*) No, I don't believe … (*threatening him with his finger*) Lavrentyi! You want to play all the roles yourself? Greed – that's bad. Come on, ask forgiveness from everyone. That's not good what you were whispering to me.

Beria: Forgive me, friends. It wasn't out of greed, but out of a kind of ecstasy. I can feel it now – it's rising, rising, rising … (*Suddenly he starts to sing a Bolshevik song. Nikita joins in, and religious tones can be heard in his singing. Suddenly, in devout glorification, arises the name Voldemar, then Josef, and then Voldemar again. The director stands on the table. All of the actors sing an actual ecclesiastical prayer in praise of Josef.*)

Stalin: And there was! There was something beautiful in that idiot's play! Right there, in the finale … Remember … When you ask one another to shoot … Well come on!

The actors begin to shout, in turn:

Comrade Stalin! We request!

We demand!

Raise the quota of those to be shot! In Kirov – by 800 people!

In Novosibirsk – by two thousand!

In Leningrad, by a thousand five hundred! It's a state necessity!

A state necessity!

The state is in need of corpses! It needs more prisoners.

And dead people.

In Khabarovsk – up by five hundred! In Gorky – by a thousand!

Comrade Stalin!

We request!

We demand!

Raise the quotas!

Millions, plunged into coldness. Millions, mixed together with snow. Millions, swallowed by darkness.

We request! We demand! We pray!

Repression is essential! The times require it!

And what about this increase of interest in the repression? There's no need to get hysterical!

Our politics won't tolerate that! After all, didn't we win the war? After all, didn't we win new land?

Didn't we settle people on territory that was unfit for life?

And didn't we build roads to places where earlier there had only been forests? Where earlier there had only lived beasts?

After all, did we not create before the eyes of a dumbfounded world a fearsome and magnificent state?

Millions, plunged into coldness. Millions, mixed together with snow. Millions, swallowed by darkness.

There's no need to get hysterical!

Shut up their mouths with the greatness of the state! A person is nothing – the state is all.

A person is nothing – the state is all. A person is nothing – the state is all.

Stalin: For our theatre!

Everyone: For our theatre!

Scene Eleven. »There's no need to groan, gentlemen.«

The Man from the Ministry appears.

Man from the Ministry: They wouldn't let me in! 1 had to summon my guards. And even my guards needed help. You've got a regular fortress here.

Stalin: Will you have a drink, my friend?

Man from the Ministry: Of course – why not? (*He drinks.*) You know ... It turns out they didn't convey the words of the President to me very accurately. It happens sometimes.

There's no need to groan, gentlemen. Everyone has suffered from this; you aren't the first, and you won't be the last.

Stalin: Good Lord ...

Man from the Ministry: 1 asked you! You've got to understand, our President has already piloted a supersonic jet, soared into the heavens, descended into the gloomy depths of the ocean on a bathyscaphe ...

Valentina: I saw that. Incomparable.

Man from the Ministry: ... played the piano on the stage of the Bolshoi Theatre.

Khrushchev: He played brilliantly. We gathered around the TV and sang along with him.

Beria: I remember that like it was yesterday!

Man from the Ministry: But yesterday, in the morning, he was speaking in such a dreamy way: it would be so wonderful if Voldemar Arkadievich called and asked me to direct that production. I have invaluable experience: Who else, if not me? Pour me another? Voldemar Arkadievich? Pour me another?

THE END.

Как мы хоронили Иосифа Виссарионовича
Пьеса о гибкости и бессмертии

Действующие лица:

Вольдемар Аркадьевич, режиссёр спектакля, он же
*   исполнитель роли старого Сталина*
Валентина, актриса, ближайшая помощница Вольдемара
*   Аркадьевича, исполняет роль медсестры старого Сталина и*
*   матери молодого Сталина*
Терентий Грибс, драматург
Актеры театра в ролях Ленина, Берии, Хрущева, охранников.
Молодой актер, исполнитель роли Сталина в юности
Человек из министерства
Министр культуры в виде двух телеграмм
Президент в виде кашля над сценой

Начинается прогон для СМИ спектакля о Сталине.

Сцена первая. Ночные стражники

Ближняя дача Сталина в Кунцево.

Первый охранник. Быть того не может.
Второй охранник. Я тебе клянусь.
Первый. Не может!
Второй. Клянусь! Он сам рассказал.
Первый. Тебе?
Второй. Холодно, как в январе. Почему так холодно? Мне ка-
жется, холодно оттуда. *(Показывает на дом.)*
Первый. Тебе в последние дни так много всего кажется, что
тебя пора пристрелить.
Второй *(вдруг говорит прерывисто и взволнованно).* Ты ведь

знаешь, как он не любит, когда к нему внезапно приближаются? Потому я к нему вчера шёл, гремя и топоча ногами, как слон, как стадо слонов...

Первый. Ты рехнулся, чёртов идиот! Ты все-таки рехнулся!

Второй. ...Как стадо слонов, чтобы он заранее знал, что я подхожу, чтобы издалека слышал, чтобы не кричал на меня, как тогда...

Первый. Когда ты от страха обмочился? Как он потом хохотал! Только он мог хохотать, глядя на тебя. Другой бы расстрелял на месте такого охранника.

Второй. Какой другой?

Первый. Я для примера. Конечно, никакого другого...

Второй. Для какого примера? Зачем нам этот пример?

Первый. Я ничего такого — не говорил. Клевещешь? На охранника товарища Сталина?

Второй. Я-то, может, и обмочился...

Первый. Может?!

Второй. А знаешь, почему? Не потому что он закричал, не потому! Когда я внезапно подошёл к нему, он поднялся над столом на несколько метров, и молча, тихо, нежно поплыл на меня...

Первый. Что ты несёшь! Провокатор!

Пауза.

Первый. Ну, как жена, дети?

Второй. По-прежнему. Жена днём на работе, вечером при мне. И при детях. Наташка как на уроки труда начала ходить, с тех пор мечту не предавала: поварихой, говорит, буду во взрослом возрасте. А Петя этнографом хочет стать.

Первый. Что за ребёнок, который хочет стать этнографом? Ты сам хоть знаешь, что это такое?

Второй. Петя объяснил. Я его ремешком, вот этим, со звездой, отоварил, он утих. А сейчас опять — этнограф, говорит, я, исследователь. Народы дальние меня беспокоят. Люблю их, и все тут. Я опять свой звёздный ремешок достал, но он вытерпел. Не хныкал даже. И раны пятиконечные — пальцем не тронул. Герой, что ли, растёт... Я его потом подорожником лечил...

Первый. Ты его к врачам водил?

Второй. К каким врачам?! Товарищ Сталин врачам не доверяет, и я врачам не доверяю. Он приказал сжечь истории своих болезней, и я сжёг истории своих болезней, и истории детей сжёг, хотя они совсем короткие были, абзаца на три. А своего личного врача, Виноградова, товарищ Сталин приказал арестовать…

Первый. Он будет мне рассказывать!

Второй. И ещё требовал: «Обязательно закуйте его в кандалы! Сразу, в кабинете — в кандалы!»

Первый. Да я это сам тебе рассказывал!

Второй. Вот именно. И сам теперь говоришь — покажи сына врачам. Они все в кандалах. Я таким не доверяю.

Пауза. Вдруг второй снова взволнованно начинает говорить.

Второй. А эта фраза: «Охраняй и властвуй»? Зачем он мне её сказал? В тот четверг, когда ты опоздал на поверку…

Первый. В тот четверг ты опоздал на поверку! Ты! Как тебя терпят, терпят-то — как?

Второй. Он подозвал меня. Я пошёл, опять громко топоча, как слоновье стадо. Но он же сам меня звал, потому вот так рукой сделал — мол, потише шагай. И потому я подошёл к нему бестопотно.

Первый. Бестопотно? Вот ты урод.

Второй. А на столе лежит бумага, тоооооненький листик лежит, и он мне на него показывает, а там его рукой написано: «В итоге победу одерживает только смерть».

Первый. Да-да. Я помню, я тоже видел. Случайно.

Второй. Так почему удивляешься, что он вчера мне сказал, что видел Ленина?

Первый. Потому что… Сам понимаешь, почему!

Второй. Потому что если товарищ Сталин…

Первый. Видит призраков…

Второй. Разве товарищ Ленин — призрак?

Первый. Нет, ты все-таки рехнулся, чёртов идиот! Не живой же Ленин приходил?!

Второй. Значит — призрак?

Первый (*почти плачет*). Чёрт бы тебя побрал!

Второй. Значит, по-твоему, товарищ Сталин лжёт?

Первый. Это ты сказал. И я этого не слышал.

Пауза.

Первый. Мы же видели Ленина в Мавзолее. Мы вместе ходили.

Он лежит. Потому что мёртвые не могут встать.

Второй. Он же не под землёй лежит. И у него… у него всё есть — руки, ноги, всё…

Первый. Мёртвые не могут встать и пойти! Понял?!

Второй. А ради товарища Сталина? А если лично к нему? Если?..
Пауза.

Первый. Ну? И что Ленин?

Второй. Товарищ Сталин сказал, что призрак Ленина жутко матерился. А потом говорит: «Коба, я тебе оставил великое государство, а ты его просрал».

Первый. Всё! Сейчас пристрелю!

Второй (*в полусумасшедшем восторге*). А товарищ Сталин говорит: «Как просрал? Границы крепки, страна огромна, люди послушны, амбары полны, здания упираются в небо, а все души — веруют в тебя-Отца, в меня-Сына, и в пролетарский рай, куда устремлены сотни счастливых миллионов».

Первый. Ну?

Второй. Что ну?

Первый. А Ленин что?

Второй. Ты, говорит, как и я, скоро превратишься в труп. А значит — ты все просрал, все, что я тебе оставил. Потому что когда властелин превращается в кусок холодного мяса, двуногий, двурукий, одноголовый кусок мяса — какой же это властелин?

Первый (*направляет ружье на Второго*). Ты готов? Сейчас превратишься в кусок мяса, и все скажут — какой же это охранник?

Второй. Да тебя на месте расстреляют за то, что убил охранника товарища Сталина. Стой да слушай.

Первый. Я больше не могу.

Второй. Тсс!

К ним приближается Иосиф Сталин. Под гримом угадывается режиссёр Вольдемар Аркадьевич. Не обращая на них внимания, Сталин декламирует стихи:

Иосиф Сталин.
Ходил он от дома к дому,
Стучась у чужих дверей,
Со старым дубовым пандури,
С нехитрою песней своей.

А в песне его, а в песне —
Как солнечный блеск чиста,
Звучала великая правда,
Возвышенная мечта.

Сердца, превращённые в камень,
Заставить биться сумел,
У многих будил он разум,
Дремавший в глубокой тьме.

Но вместо величья славы
Люди его земли
Отверженному отраву
В чаше преподнесли.

Сказали ему: «Проклятый,
Пей, осуши до дна...
И песня твоя чужда нам,
И правда твоя не нужна!»
Уходит.

Второй. Пристрели меня. Очень жутко мне.
Первый. Держи карман шире. Мне что, одному тут оставаться?
Второй. Пойдёшь к внешней охране. Пригреют.
Пауза.
Первый. Это же его стихи?
Второй. Да, он писал в детском возрасте... Ты что... Не учил в школе? Что за школа была?
Слышен глухой стук.
Первый. Он упал?
Второй. Что-то упало.
Первый. Иди. Иди проверь.
Снова глухой стук.
Первый. Он ведь не может упасть дважды? Если уже упал?
Второй. А если на него напал товарищ... Ленин...
Первый. Заткнись, гнида, троцкист, взбесившийся пёс, гидра...
Второй. Врача? Виноградова? Из тюрьмы?
Первый. Чёртов идиот!

Второй. Тогда Валю! Надо разбудить Валю! Если ложная тревога, ей он голову не снесёт, её он пощадит…

Идут за Валей быстрым шагом и, заражаясь друг от друга ужасом, убегают.

Сцена вторая. «Полуфабрикат-с»

Через несколько секунд охранники возвращаются вместе с режиссёром Вольдемаром Аркадьевичем, который играл Сталина. Раздаются аплодисменты, сверкают фотовспышки. Режиссёр отдаёт одному из охранников-актёров трубку, тот бережно её принимает, другому отдаёт китель генералиссимуса и остаётся в чёрной водолазке и белых брюках. Подходит к микрофону.

Сталин. Мы представили журналистам и избранным гостям первую сцену из будущего спектакля об Иосифе Сталине. Театр понимает, в какую раскалённую общественную обстановку он внедряется с этим спектаклем. Казалось бы, не лучше ли просто обойти эту тему и не нарываться на огонь со всех сторон, ведь недовольными окажутся и сталинисты, и антисталинисты, и консерваторы, и либералы… Но мы принимаем вызов Истории. Понимая… Но лучше я дам слово автору, Терентию Грибсу. Его дело формулировать, а наше — играть.

Из глубин сцены возникает Терентий.

Терентий. Я согласен с Вольдемаром Аркадьевичем: недовольными окажутся все, и мы к этому готовы. Ведь сейчас толком никто не понимает, во что мы верим и куда идём, и поэтому неприкосновенным объявляется всё: и прошлое советское, и прошлое имперское, и царь, и цареубийцы, и церковь, и те, кто сносил храмы. Впрочем, это только кажущийся парадокс, и он легко объясним: власть должна быть права в любых своих решениях и проявлениях, а потому она верно поступала и в 1905-м, и в 1917-м, и в 1937-м, да во все годы… Нашу страну сотрясает много кризисов, но главный я бы определил как «кризис перепроизводства святынь». Одной из таких святынь, увы, оказался Иосиф Сталин…

В зале шум, на сцену выходит Человек из министерства культуры.

Человек из министерства. Министр сожалеет, что не смог прийти на представление. Но он прислал приветственную телеграмму. *(Достает из портфеля, зачитывает.)* «Спасибо театру за то, что он прикладывает к нашей исторической травме подорожник правды». *(Аплодисменты.)* И, как водится, медаль. *(Под овации режиссёр устало подставляет грудь, Человек из министерства прикрепляет медаль и сходит со сцены.)*

Сталин. Я благодарен поддержке министра. Самое главное сейчас — выпускать произведения искусства, чуждые придыханию и священному трепету. Этого и так предостаточно и в нашем искусстве, и в нашей жизни. Я рад, что министр вместе с нами верит в очистительную силу смеха. Конечно, наш смех будет глубок и точен. Он будет горек. Это не смех комиксов. Это смех трагифарса, и он нам поможет начать освобождаться от тени, которая нависает над страной почти столетие. Начать выздоровление. Начать освобождение. Я не люблю пафоса. Но я бы хотел, чтобы наш спектакль стал началом грандиозных похорон сталинизма.

На сцену опять врывается Человек из министерства. Он взволнован.

Сталин. Что, снова орден? По-моему, на сегодня хватит.

Человек из министерства. Потрясающая новость! Министр позвонил! Он рассказал президенту, что вы сейчас показываете публике отрывки... Президент посетовал: какая жалость, что меня не пригласили...

Сталин. Мы... Мы не надеялись... Даже не предполагали...

Человек из министерства. Президент все понимает! Он так и сказал: «Понимаю, что меня не позвали из скромности, вряд ли Вольдемар Аркадьевич намеревался меня проигнорировать».

Сталин *(аккуратно усмехается).* На сцене императорского театра игнорировать императора? На премьеру, в царскую ложу, конечно...

Человек из министерства. Он хочет посмотреть сейчас!

Сталин. В каком смысле?

Человек из министерства. Сейчас президент обедает в_компании министра культуры. Президент знает, что вы уже показали начало, и он был бы рад, если бы вы изыскали возможность показать ему продолжение. Пока идёт обед. Минут на тридцать всего, или даже меньше. Когда обед закончится, мы дадим сигнал.

Сталин. А как он увидит...

Человек из министерства. Об этом не беспокойтесь. Трансляция уже пять минут как идёт. Президент сказал: любопытно глянуть, как там моего предшественника показать собираются.

Сталин *(поднимая голову вверх).* Приятного аппетита, господин президент!

Человек из министерства. Ответить не может, но слышит и видит.

Сталин. А про предшественника... *(Осторожно смеясь, обращается в зал.)* Юмор у нашего президента непревзойдённый.

Человек из министерства *(показывает на часы).* Обед в разгаре, приступайте.

Сталин. Польщены вниманием, но это ведь ещё не готовый продукт, так сказать, полуфабрикат-с. Мы бы хотели...

Человек из министерства. Ушам не верю. Вы что, отказываете президенту? Вольдемар Аркадьевич. Такое внимание. Мне неловко даже второй раз...

Сталин. Почему отказываю? Слово то какое нашли! Я просто хотел в наше оправдание...

Человек из министерства. Он всё, всё понимает. Он любит театр, и знает, чем репетиция отличается от премьеры.

Сталин. У нас для следующей сцены не хватает актёров. Двух!

Человек из министерства. Испытываете терпение президента?

Сталин. Что мне — гримёров, что ли, просить играть? Монтировщиков?

Человек из министерства *(у него звонит телефон. Он отвечает со страхом и благоговением).* Первое блюдо подали. Вольдемар Аркадьевич, вы поняли нас? Подали. Первое. Блюдо.

Сталин. Понял!.. *(Обращается к Терентию).* Текст ты знаешь. Назначаю тебя врачом товарища Сталина.

Терентий. Но я же...

Сталин. Терентий. Ты понял нас?

Терентий. Да.

Сталин. Но второго врача... Кто сыграет второго врача?

Снова звонит телефон.

Человек из министерства (*после паузы, шёпотом*). Господин президент. Да... О, да... Да-да... Как же я спасу ситуацию... (*С ужасом.*) Второе скоро подадут?! Я находчив, да... И предприимчив... Всё равно не понимаю... Как сам сыграть? Я не... Очень даже актёр? Я?

Сталин. Слушайте президента.

Человек из министерства (*в трубку*). Так точно. (*Убирает телефон в карман.*) Художественная ситуация такова...

Сталин. Мы поняли, какова. (*Протягивает ему лист с ролью.*) Слов мало. Ваша задача: трепетать. Справитесь, я уверен... Господин президент, строго не судите. (*Удаляется.*)

Сцена третья. Пульс товарища Сталина

Кремлёвская свита и Валентина (подруга и медсестра отца народов), собрались вокруг лежащего на диване Сталина, который бездвижно смотрит в одну точку.

Хрущёв (*шёпотом*). Куда он смотрит?

Берия. Что он видит?

Хрущёв. На что он указывает?

Сморят туда же, вверх и налево.

Берия. Ты что-то видишь?

Хрущёв. Ничего.

Берия. И я ничего. А он – видит! И так было всегда!

Берия и Хрущёв бросаются на колени и ползут к руке Сталина, но Берия опережает, и начинает неистово целовать Сталину руку.

Входят два врача. Это трепещущие Терентий и Человек из министерства. Их приход ничего не меняет в поведении Берии.

Первый врач. Нам нужно переодеть то... то... то...

Второй врач. ...варища Сталина.

Первый врач. И снова осмотреть его необхо... хо... хо...

Второй врач. ...димо.

Хрущёв (*глядя на почти впавшего в беспамятство Берию*). Я полагаю, достаточно ограничиться товарищеским рукопожатием.

Хрущёв подходит к другой руке вождя и с преданностью, с глу-

боким вздохом пожимает её. В свите происходит раскол: одна часть подходит к руке за целованием, другая выстраивается для рукопожатий. Незадействованной в противоречивом ритуале остаётся только Валентина — она всхлипывает в углу.

Хрущёв *(врачам).* Какая у него влажная ладонь! Что это значит?

Первый врач. У ладонного потоотделения есть несколько причин... Причина первая...

Второй врач. Сначала нам нужно переодеть и осмотреть. Мы же впервые тут! *(Первому врачу, тихо.)* Говорить буду только я, ты не начинай даже, я приказываю, я умоляю...

Хрущёв *(Берии, который, слегка опьянев от поцелуев, отошёл наконец от сталинской руки).* Думаешь, ему это понравилось?

Берия. Я не мог иначе.

Валентина. Он знал, он все знал. Он мне вчера говорит: «Видишь, Валентина, как заходит солнце? Ранней весной в Москве так редко можно увидеть солнце». *(Свита недоуменно переглядывается.)* Ах, вы не понимаете! *(Продолжает всхлипывать.)*

Первый врач. Можно, мы посчитаем пульс?

Первый врач подходит к Сталину, берет его правую руку. Но врача так трясёт, что он все время роняет руку вождя, и, смертельно бледный, продолжает отсчёт снова и снова. Сталин поднимает вверх левую руку. Он будто указывает в ту сторону, куда раньше так упорно смотрел. Все, как заворожённые, смотрят в пустоту, надеясь разглядеть какой-то знак или хоть что-то, что могло приковать столь пристальное внимание генералиссимуса. Слышен шёпот свиты: «Куда он показывает?» – «На что он указывает?» – «Ничего не вижу!» – «А я вижу» – «Что?» – «Сам присмотрись». – «Не вижу! Расстреляю своего окулиста, падлу».

Шёпот охранников: «Врачи подонки, даже глазные!» — «Глазные особенно, они ведь на зоркость влияют» — «В том числе на политическую».

Кто-то из свиты: «Кто-нибудь заткните охрану!»

В этот момент появляется ещё один Сталин. Его никто не замечает.

Сталин. Ха. Указывал. Никуда я не указывал. Я хотел схватить за глотку — их всех, по очереди; моё сердце сдавила жалость, что я так и не успел сделать — их всех, по очереди — мёртвыми. А потом мне стало плевать. *(Рука первого Сталина опускается.)* Похолодели ноги, до колена, я хотел приказать, чтоб их укрыли одеялом. Но язык не слушал меня. Я даже рот открыть не сумел. Даже. Не сумел. Открыть. Рот. Меня поразило, что сразу похолодели два сросшихся пальца на правой ноге. Значит, закончилось чудо. Даже в Сибири, в ссылке, в жуткие холода, когда все тело обращалось в едва дышащий, едва колышущийся на ветру кусок льда, эти два маленьких героя не мёрзли. Никогда! Не поддавались они холоду и в зимнем Петрограде, и в крещенские морозы в Москве. Нигде! А тут, на тёплой даче — прекрасный у меня истопник, как долго я их перебирал! — на тёплой даче, в начале весны, пальцы первыми дали предательский сигнал: «Нам холодно! Укутай нас!» Значит, чудо закончилось. *(Закуривает, садится, со злым весельем смотрит на суету вокруг своего тела.)* Теперь-то можно. *(Пауза.)* И — никого. Даже Ильич, который посещал мои видения регулярно, не пожелал прийти в предсмертные галлюцинации...

Над сценой раздаётся грандиозный хриплый кашель.

Хрущёв. Будьте здоровы, господин президент!

Сталин *(в гневе)*. Следуйте тексту!

В зале оживление.

Первый врач. Мы должны…

Второй врач *(перебивает первого)*. …Поставить товарищу Сталину пиявки.

Первый врач. По восемь…

Второй врач. …За каждое ухо…

Приступают. Валя рыдает все сильнее.

Сталин. По восемь за каждое ухо… Пиявки приступили к работе во благо партии и народа. Мне лучше не становилось, а шестнадцать крохотных уродцев, восемь за левым ухом и восемь за правым, наливались моей кровью на глазах соратников. И вот мы с товарищами любуемся друг на друга, и я слышу запах их страха — они боятся меня, друг друга, самих себя. Они растеряны, подобно актёрам, которых выпустили на сцену, но текста не дали. Что же делать? Вдруг промолчим слишком длинно? А если заговорим неуместно? Все может принести смерть — и слово, и молчание…

Вдруг останавливается. Решительно подходит к Человеку из министерства, играющему врача.

Сталин. Нам продолжать? Президент не закончил обедать?

Человек из министерства. По... По моим расчётам... Если, если исходить из моего опыта... Сейчас подают десерт. Надо продолжать. Нам дадут сигнал.

Сталин отходит от Человека из министерства.

Сцена четвертая.
«Усики выращивает нам на радость».

Появляется Ленин.

Ленин. Пламенный колхидец! Чудесный грузин!

Сталин. Владимир Ильич! Я ждал! Здравствуйте?

Ленин. Здоровья нам друг другу желать глуповато.

Сталин. Потому что поздновато?

Ленин. Мне-то уж точно. А вы ещё...

Сталин (трогает свой пульс). Вроде жив пока.

Ленин (указывает на группу соратников вокруг тела Сталина). Когда пульс прервётся, они вас ко мне подложат...

Сталин. Подложат?

Ленин. Все веселее будет, а то у меня там скука смертная... Ходят, пялятся и молчат... Тишина жуткая, нерушимая, три года назад муха залетела, как я был рад ей! Я бы стоя её поприветствовал, если бы мог. Но её убили, а мавзолей на время охоты закрыли. Лейтенант и два майора гонялись за крылатой тварью, как три циркача, я девять дней потом эту чудесную сцену вспоминал, и посмеивался, но тайно. Вот так... Правда, усы кололи нижнюю губу, меня же почти не бреют. Все восхищаются — ах, у него растут усики, ах, тридцать лет как мёртв, а усики нам на радость выращивает, уж не воскреснуть ли намеревается наш любимый, наш родной?..

Слышен глухой удар.

Берия *(шипит, трясясь от гнева).* Вы что натворили? Вы уронили зубы товарища Сталина!

Первый врач. Нам нужно было опустошить полость...

Второй врач. Он не нарочно, он от благоговения...

Первый врач. Что значит — он? Это ты уронил...

Второй врач. Я сам себя, что ли, локтем толкнул?

Первый врач. У меня никогда не было локтей...

Второй врач. Что ты несёшь? А!.. Так хочешь получить мою кафедру?

Первый врач падает на колени.

Первый врач. Он бредит. Мы искупим.

Второй врач падает на колени.

Второй врач. Я брежу. Мы искупим.

Берия. Под трибунал пойдёте! Оба!

Сталин и Ленин хохочут, правда, Сталин хохочет с горечью.

Сталин. Выронили зубы товарища Сталина... Стремясь опустошить полость... Да, это посильней «Фауста»...

Ленин. А вы не представляли, что однажды подле меня ляжете? Что у нас впереди — совместная вечность?

Сталин. Бывало... Когда приходил в Мавзолей... Это же бессмертие?

Ленин. Паршивенькое... Но уж какое есть. А какие будут к нам очереди! Коммунисты Таиланда, Франции, Бангладеша, Германии... Со всего мира потянется могучий коммунистический поток, а мы будем лежать рядом, и тииииихо, тииииихо так разговаривать... У меня там есть кое-какие забавы, я покажу...

Сталин. Забавы?

Ленин. Покажу!

Сталин. А если смерть меня не примет? Если оставит тут лежать годами? Оставит им на посмешище, им на поругание!..

Ленин. На этот счёт не расстраивайтесь. Вы умрёте на рассвете. Гарантирую. *(Протягивает ему бритвенные приборы.)* А пока... Вы... Чувствуете мою просьбу? *(Сталин принимает приборы и начинает подравнивать Ленину усы и бороду.)* Да! Великолепно! Как тогда, в октябре семнадцатого!.. Чтобы я мог наконец смеяться и не колоться! Да! И сбоку, сбоку... Без широких жестов! Действуйте как тогда...

Сталин. Перед вашим выдающимся, историческим выступлением!

Ленин. Вы тогда превосходно подровняли мне бороду и усы! Я знал, кому поручить. *(Косится на слишком размашисто гуляющий бритвенный нож.)* Вы бреете или дирижируете?

Сталин. Тогда было трудно добраться до Смольного, я еле успел, чтобы вас постричь да побрить... Помните, как в то время открыли доступ к царским винным складам, и стали спиваться все, даже пожарные? Тогда по вашему приказу разбили все бутылки и бочки, и люди лакали вино и водку прямо из канав... Перед тем как совершить историческое обривание вождя мирового пролетариата, я проезжал мимо Зимнего и видел, как мужики и даже бабы пьют из луж новый революционный напиток...

Ленин *(хохочет)*. Грязь со спиртом? А почему именно такие образы ваша память сохранила? О том великом времени? Проспиртованная грязь... Почему?

Сталин. А ваша?

Ленин. Эй! Осторожней, колхидец! Тогда, в семнадцатом, вы были почтительней... Жилку не трогайте! Она уже тридцать лет не бьётся, а вы все равно не трогайте!..

Хрущёв *(Берии)*. Вы усилили охрану? Сюда не проникнет посторонний?

Берия. Ты взволнован, Никита, потому такие глупости спрашиваешь. Ничего. Мы все сейчас себя не контролируем.

Сталин. Но ведь кто-то же из них убил меня? Кому-то это удалось?

Берия *(вдруг не выдерживает и восклицает)*. Как же мы теперь без него? Есть у кого-нибудь платок... Я в спешке ничего не взял, совсем ничего...

Хрущёв подходит к нему, даёт платок и кладёт руку на плечо. Вдруг сам начинает плакать, к нему присоединяется Берия. Они делят один платок на двоих.

Ленин *(показывая стоящему рядом с ним Сталину на лежащего Сталина)*. Слышите? Вдох-выдох, вдох-выдох — и пауза. Предвестие Чейн-Стокса... Вашего последнего дыхания.

Вдруг человек из министерства снимает докторский халат и бросает его на пол.

Человек из министерства. Десерт окончен!

Сталин. Значит, президент...

Человек из министерства. Ушёл! Ушёл...

Пауза.

Сталин *(неуверенно)*: Тогда мы... Всё?

Человек из министерства. Конечно! Конечно, конечно вы всё...

(Чуть ли не убегает со сцены.)

Сталин *(в зал).* Спасибо за внимание, спасибо, что пришли... Мы завершаем превью... Ждём на премьере через три недели...

Сцена пятая.
«Десерт почти нетронутым остался...»

Публика расходится. За стол на сцене садятся Вольдемар в одежде и гриме Сталина, в гриме остаются актёры, играющие Ленина, Берию и Хрущёва. Рядом с ними Валентина.

Ленин. Публика хорошо принимала...

Хрущёв. А главный зритель? *(Берия пожимает плечами.)* Чей это был осуждающий кашель, а? Прогромыхал над сценой и растаял...

Берия. Так не бывает, Никита.

Валентина. Вольдемар Аркадьевич, звонили из вашего музея...

Сталин. Ну?

Валентина. Просят костюм, в котором вы сейчас выступали. Хотят положить под витрину и написать: в этом костюме в первый раз в роли Сталина...

Сталин. Чего торопятся? Не открыли ещё мой музей-то. На юбилей мой открываем, до этого ещё год. Глядишь, с такими нервами и не дотяну...

Валентина *(всплёскивает руками).* Не говорите так!

Ленин. Не надо волноваться, гражданочка.

Валентина. Ах, вы ничего, ничего не понимаете...

Сталин. Выйди из роли. Прямо сейчас выйди. Вот. А в музее, где ордена мои и грамоты, не забудут написать: «Вольдемар Аркадьевич к наградам относился иронически»?

Валентина. Уже написали, я видела табличку. Я должна вам напомнить про сегодняшний день. Расписание у нас такое...

В глубине сцены появляется Человек из министерства. Он исполнен печали. Валентина не замечает его.

Валентина. Сегодня вечером на Малой сцене творческая встреча с актёром, который играл под вашим руководством двадцать лет назад; на Новой сцене творческая встреча с артистом, который играл под вашим началом тридцать лет назад. Вам придётся быстро перемещаться из зала в зал, мы закупили для этого машину, знаете, удобные такие, ездят в аэропортах, внутри, мы её украсили цветами и афишами... По пути вам придётся открыть в фойе фотовыставку, посвящённую вашему творчеству с первых театральных шагов и до сего дня... *(Вольдемар Аркадьевич прикладывает палец к губам, Валентина замолкает).*

Сталин. Не томите нас.

Человек из министерства молча протягивает телеграмму Вольдемару Аркадьевичу, тот передаёт Валентине. Она зачитывает.

Валентина. От министра. Прежнюю мою телеграмму считать недействительной. В архив театра телеграмму не сдавать. Уничтожить в присутствии сотрудника Минкульта.

Хрущёв. Господи...

Человек из министерства. Уничтожить надо прямо сейчас.

Сталин. Что, сжигать? А спектакль наш? Тоже сжигать?

Человек из министерства. На сей счёт указаний не имею. Где...

Валентина разыскивает прежнюю телеграмму, смотрит на режиссёра, тот кивает, она кладёт бумагу в пепельницу, поджигает. Человек из министерства собирает пепел в пакетик и прячет в карман. Собирается уходить.

Сталин. Постойте. Мы же...

Ленин. Если отозвана телеграмма, как нам понимать ход дальнейших событий...

Берия. Хотелось бы ясности.

Человек из министерства приближается, шепчет.

Человек из министерства. Вот я сказал там, при всех. Я сказал, что президент доел десерт. Это я вас пощадил.

Хрущёв. Господи...

Человек из министерства. На самом деле он не стал доедать. Корзинка сладкая. С малиной. Почти нетронутая осталась.

Пауза.

Ленин. Как нам это понимать, товарищ?

Человек из министерства. Ладно. Проясню. Я могу быть уверен, что все, здесь сказанное, здесь же и погибнет?

Валентина. Зачем такие слова...

Сталин. Погибнет.

Человек из министерства. Министр культуры подошёл к президенту. Тот был расстроен. *(пауза)*

Сталин. Ну же!.. Простите.

Человек из министерства. Это нехорошо, сказал президент, что ваш герой умирает. Не надо смерти.

Сталин. А что же надо?

Человек из министерства. Да, вот именно так, не жалея себя, спросил министр.

Сталин. И?

Человек из министерства. Рождение надо.

Берия. Что, вот прямо с акушерками, в роддоме? Маленького Ста...

Сталин. Шутки, Лаврентий, оставь для лучших времён.

Человек из министерства *(внушительно)*. Не надо смерти. Расстроился президент. И юмора не надо, фарса. Не время сейчас. Он сказал: «Ступайте вглубь».

Хрущёв. Господи...

Человек из министерства. Я вам завидую, честно говоря.

Сталин. Что?

Человек из министерства. Потому что президент обычно молчит. Или так говорит, что надо догадываться, голову ломать. А ради вас он столько слов сказал, и все понятно. Все министры позавидовали нашему министру.

Сталин. Что он ещё сказал? Очень прошу, не надо больше пауз. У моих артистов больные сердца.

Валентина. У Вольдемара Аркадьевича тоже...

Сталин. Не обо мне речь.

Человек из министерства *(торжественно)*. Министр, рискуя собой ради вас, сказал президенту: в обществе нет консенсуса по поводу отца народов. Кто-то проклинает, кто-то прославляет. Общество накалено и разобщено. Господин президент, мы хотим знать: как мы относимся к Сталину?

Сталин. Ну а он?

Хрущёв. Господи, а он?

Человек из министерства. Долго молчал.

Сталин. А потом?

Человек из министерства. Потом высморкался.

Сталин. Ну а потом?

Человек из министерства. У человека, сказал он, не случайно есть два глаза. Не случайно два, а не один.

Пауза.

Сталин. Все-таки решили довести артистов до сердечного приступа?

Человек из министерства. Потому одним глазом надо видеть тирана и палача, а другим — великого строителя государства. Министр спросил... Ей-богу, поставьте свечку за его здоровье, так он за вас сегодня сражался!

Сталин. Поставим! Все поставим! Умоляю — дальше!..

Человек из министерства. Министр спросил: значит, следует воспринимать Сталина как палача-героя? Президент снова высморкался. Тогда министр подытожил... Знаете, я сейчас рассказываю, и сам не верю... Наш министр человек героического склада, вот что я вам скажу. Он подытожил — значит, общественный консенсус будем налаживать на таких основаниях: тиран-строитель и палач-герой? И президент выразительно посмотрел на него. Обоими глазами, Вольдемар Аркадьевич. Обоими глазами.

Человек из министерства удаляется.

Берия. Если следовать правилам конспирации, надо сжечь и новую телеграмму из министерства. Ту, которая повелевает сжечь прежнюю.

Ленин. Зачем?

Берия. Иначе будет косвенная улитка одобрения...

Сталин. Что несёшь! Какая улитка?

Берия. Я сказал: косвенная улика, подтверждающая, что министр первоначально одобрил то, что потом не одобрил президент.

Сталин. Лизоблюд ты, Лаврентий... Сжигай.

Тот подает телеграмму Валентине, и она её сжигает.

Сталин. Странно пахнут сожжённые министерские телеграммы... Печально как-то пахнут...

Валентина *(всхлипывает).* Это запах несбывшихся надежд...

Сталин. Рождение, значит... И юмора чтоб ни-ни... В Кремле смерти нет, конечно... И смешного там ничего нет, как мы могли подумать... А премьера через три недели.

Валентина. А давайте ничего менять не станем?

Все смеются, а Вольдемар по-отцовски гладит Валентину по голове.

Сталин. А мы и не станем. Мы просто сократим.

Ленин. Да там есть что сокращать! Мысль надо довести до кристальной ясности, а потом уже выходить с ней к публике.

Берия. Честно говоря, мне внутри этой иронии некомфортно. Я вообще не понимаю — над чем мы смеёмся?

Хрущёв. Моё недоумение более глобально: я не пойму, зачем мы смеёмся.

Сталин *(берёт трубку, поджигает, пыхтит)*. Вот также и меня сдадите, да? Как только ветерок в другую сторону подует? (Валентине) Человек есть наимерзейшее творение Бога.

Валентина. Записать?

Сталин. Не надо суеты. Просто запомни.

Сцена шестая. «Фарс устарел, Терентий»

Вбегает Молодой актер. Он тянет за собой сопротивляющегося Терентия.

Молодой актер. Вольдемар Аркадьевич, вот этот хотел бежать из театра.

Сталин. Не называй драматурга «вот этот». Это, между прочим, главное лицо в театре... Как бежать?

Молодой актер. Ага, покинуть территорию.

Сталин. Бежать из театра? Терентий? Там, на воле, только зрители. Ты там затоскуешь. *(Актёрам.)* Зачем остановили? Пусть этот скучный человек уходит. *(Терентий направляется к выходу.)* Только, Терентий, по контракту театр имеет право на переделку текста. Масштаб переделок, увы, там не указан. Но это ничего, ты можешь обратиться в суд. Но он, увы, случится после премьеры. Ступай, Терентий, до встречи на суде. Не со мной, меня ты больше не увидишь. Ты встретишься с моим блестящим юридическим отделом.

Терентий. Зачем вы сразу так?

Сталин. А ты, когда бежал, не думал, как меня оскорбляешь? Садись. Пока ты притворялся дезертиром, у тут нас было совещание. Серьёзное. Не подумай только, брат Терентий, что мы поддались давлению. Или какое там подозрение в твоём либеральном сердце шевелится? Просто первый прогон — он вскрывает язвы. Нарывы показывает, художественные изъяны.

Берия. Налицо изъяны.

Хрущёв. Нарывы-то налицо.

Сталин. Видишь. А это ведь негоже... *(Обходит Терентия, сидящего на стуле.)* Блестящая пьеса, Терентий! Великолепная! Но надо сократить в три раза и написать другое начало. И всё! *(Терентий порывается бежать, Хрущёв и Берия его останавливают.)* До премьеры три недели. А до них было два года работы, ожиданий, мечтаний... Терентий, ты что, предашь два года своей жизни? Ты же разумный человек. Издашь ты свою пьесу в полном виде. Я предисловие напишу. Поставишь в другом театре в полном виде — я помогу. А здесь... Как человека даровитого хочу тебя спросить: почему в пьесе столько всего есть, а сцены с мамой нету?

Терентий. С чьей?

Сталин. С мамой Сталина. Мы же не станем только этого старика публике показывать. *(Указывает на себя, Валентина вскрикивает: «Не надо так говорить!»)* Мы должны поймать тот страшный момент, когда молодой Сталин становится чудовищем. Пойдём вглубь. Ты умеешь идти вглубь? Прямо в душу чудовища, в подземелье, в подполье! Зададимся вопросом — как он стал таким? Был же славным парнем, Библию любил, маму уважал... Рождение Сталина надо показать. А ты со смерти начал. Терентий! Ты нарушаешь законы природы! Все, что я говорю — это вызов, Терентий. Это... Как сейчас говорят...

Берия. Челендж!

Сталин. Именно! Все мы сейчас видели реакцию публики. Не воспринимает она смеха. Сатира устарела, Терентий. Фарс устарел. Увы.

Терентий. Когда он устарел? Полтора часа назад?

Актёры в ужасе закрывают лица руками.

Сталин. Творческий человек должен быть дерзок. *(Актёрам.)* Берите пример!

Валентина *(Терентию).* Если хотите знать, господин смельчак, Вольдемар Аркадьевич на своё восьмидесятилетие запланировал такой дерзкий поступок, что вам и не снилось!

Сталин. Не надо, Валя!.. А что касается устаревания. Ты в театре, Терентий. Тут всё может устареть за одну минуту. Выше нос! Если мы увидим, что плохо дело, я первый объявлю: всё возвращаем! Ну, Терентий? *(Берии и Хрущёву.)* Я отказываюсь понимать. Творческий человек, молодой человек — чужд эксперименту? Сторонится риска?

Берия. Зону комфорта свою обожает. Это его колыбель.

Хрущёв. Его обитель.

Сталин. Всё. Я устал. Открывайте двери. Настежь. Я никого не держу и никого уговаривать не собираюсь. Кто-то ещё хочет уйти? Кого смущает психологический реализм? Попытка проникнуть в душевные бездны чудовища? Кто хочет кривляться, хихикать и прыгать по сцене, игнорируя жизнь человеческого духа? Таких я не держу. Тем более я не держу тебя, Терентий. *(Подходит, протягивает ему для прощания руку.)* Эта задача не по твоим плечам, мой милый юморист. Что ж, так бывает. Зла я не держу.

Терентий. Дайте хоть привыкнуть, вы как лавиной...

Сталин. Привыкают дома к пельменям. А ты должен сейчас сосредоточиться, и — воспарить! Только лететь совсем в другую сторону, Терентий, чем мы летели раньше! Поворачивай с Запада на Восток, Терентий! Ты слышишь? Это не денежные купюры, хотя и они, конечно. Это расправила крылья новая мечта!

Берия. Мы с Никитой слышим.

Хрущёв. Что это с Терентием?

Берия. Глухота настигла...

Хрущёв. Излечится, мы верим!

Сталин. А наш Володенька *(указывает на Молодого актера, обращаясь к Терентию)* проявил великолепный артистизм, когда тебя задерживал, ведь так? Ты оценил? А чутье какое? А?

Берия. Чутье чудесное!

Хрущёв. И артистизм не хуже!

Сталин. *(Молодому актеру).* Награждаю тебя! В новой постановке будешь играть молодого Сталина! Юного Сосо!

Молодой актер. *(задыхается от счастья).* Я... Я оправдаю! Все возложенное доверие... Целиком... Полностью!.. Все надежды...

Сталин. Тихо, тихо, Володенька. Входи уже в роль. Молодой Сосо неспешен. Слова его весомы, движения несуетны. Это будущий властелин, Володенька. Не надо верещать. Договорились? *(Молодой актер кивает. Пытается преобразиться. Вольдемар обращается к Терентию.)* Вдохновись им! Вдохновись и возвращайся с текстом! Вечером жду результат.

Берия. Мы все ждём.

Хрущёв. И верим.

Берия. Талант первостепенный — справится.

Хрущёв. Ему раз плюнуть.

Сталин. Верим несомненно.

Сцена седьмая.
Рождение чудовища из духа курицы

Репетиция первой сцены обновляемой пьесы. Валентина теперь играет мать Сталина, а Молодой актёр - молодого Сталина. Другие актёры наблюдают.

Молодой Сталин. Скажи мне, ты здорова?

Валентина. Сосо, ты курочку помедленнее ешь...

Сталин *(Терентию).* Гениальный текст. Просто гениальный.

Терентий. Зачем вы...

Сталин. Ты не практик. Ты писатель. Тебе и невдомёк, как много в этих фразах. Но есть мы. Скажи спасибо, что есть мы.

Терентий. Спасибо.

Сталин. Вот видишь. Всего одно спасибо — а там ирония и безнадёжность, светлая вера в меня и тяжёлое недоверие ко мне же... А это лишь одно слово, Терентий. Что смотришь так? Ох, авторы... Не понимают ничего. Напишут гениальное, как вот эти фразы, и не замечают. Напишут чепуху, и носятся с ней... Вот как ты носишься со сценами, которые мы вчера показали. Что в них особенного? Хихиканье да подмигивание. Ты посмотри, как мы сейчас твой текст наполним. Смотри на волшебство, Терентий. *(Исполнителю молодого Сталина.)* Ешь курочку, но ешь так, как это чудовище потом будет пожирать людей... Вот! Уже точнее! Воображаемые клыки! Не вижу воображаемых клыков, Володенька! Вот... Вот... Растут... О боже... Бесподобно...

Молодой Сталин *(Валентине).* Ты здорова?

Сталин. Нет! Нет! Володенька... Спрашивай так, чтобы в этом вопросе звучало совсем иное... Это существо мечтает всех погрузить в адское пламя, Володенька! Даже мать, тем более мать, это нам известно из архивных материалов, которые добыл Терентий...

Терентий. Я не добывал...

Сталин *(обращается к Молодому актеру).* Спроси её: «Ты здорова?» — так, чтобы в глубине звучало: «Когда же ты подохнешь, старая карга?»

Молодой Сталин. Когда же ты подох... Ой, прошу прощения... Ты здорова?

Сталин. Теперь получше. Но сделай так: «ты» — это первый всполох пламени, а «здорова» — это уже рёв, рёв адского огня... Давай, Володенька...

Молодой Сталин. Ты здорова?

Берия и Хрущёв аплодируют.

Сталин *(Терентию).* А это только начало. Через неделю он эту фразу скажет так, что попадёт в учебники истории театра. Валентина. Давай.

Валентина. Сосо, ты курочку помедленнее ешь...

Сталин. Валентина! Ты помнишь, что мы работаем с текстом мистическим? *(Терентию.)* Да-да, мистическим. *(Валентине.)* Это не просто фраза — «курочку поешь»... Ты уже поняла, что в твоего сына вселился бес...

Валентина. Вольдемар Аркадьевич, а когда я это поняла?

Сталин. Великолепный актёрский вопрос! Твои уроки дерзости, Терентий? Да сегодня утром и поняла. Проснулась - и поняла. И теперь ты воспринимаешь эту курочку как волшебное зелье... Нет, не зелье... Как волшебную пищу. Потому что ты вложила в эту курочку всю свою любовь, всю свою надежду, Валентина! И ты предлагаешь сыну эту пищу в надежде, что он её съест, и бес исторгнется! И ты увидишь своего Сосо, своего любимого, своего прежнего Сосо!

Валентина. Курочку...

Сталин. Материнское отчаяние! Вкладывай больше материнского отчаяния, Валентина!

Валентина. Сосо, ты курочку помедленнее ешь...

Сталин. Раздели фразу на две части. «Сосо, ты курочку» — это отчаяние. «Помедленнее ешь» — это уже надежда. На исцеление сына, Валентина.

Валентина. Сосо, ты курочку помедленнее ешь...

Сталин. Надо ещё поработать.

Валентина. А у него *(показывает на молодого Сталина)* значит, сразу бесподобно... *(Намеревается заплакать.)*

Сталин. Твоя задача посложнее, Валентина. И она усложняется вот чем. Ты готова к усложнению задачи?

Валентина. Готова.

Сталин. Вот это «помедленнее» произнеси с обратным знаком. Понимаешь? На самом деле ты хочешь, чтобы он поскорее изгнал беса... Потому «помедленнее» в своей глубине означает «скорее, молю, скорее!». Понимаешь? Вкладывай в эту фразу диалектику, Валентина! Диалектику, Валентина!

Валентина. Сосо, ты курочку помедленнее ешь...

Сталин. Гениально!

Берия. Не слишком ли все это смело, Вольдемар Аркадьевич?

Сталин. Снова решил пошутить, Лаврентий? Так и у меня для тебя шутка заготовлена.

Берия. Отнюдь не пошутить. Я опасаюсь, что в этой курице могут заподозрить орла...

Сталин. Что за чушь? А даже если так, то что?

Берия. Символ нашего государства... Сталин, получается, сжирает символ... Вольдемар Аркадьевич, я рад, что вы улыбаетесь. Но риски надо сознавать.

Сталин. Знаешь что, Лаврентий. Я не позволю никому! Никому! Вмешиваться в моё высказывание. Пусть ты прав. Но эта сцена определяет все, она даёт начало, тут мы видим, как из молодого человека начинает вылупляться монстр, чудовище... Я от этой сцены не откажусь. Ни за что. Даже если придёт полиция.

Валентина *(Берии).* Прекрасно понимаю, как бы тебе хотелось, чтобы я вообще не играла в этом спектакле.

Хрущёв. Не надо так с Лаврентием. Его подозрительность полезна. А если он совсем осатанеет — расстреляем! *(Все, кроме Сталина и Терентия, смеются.)*

Валентина. Я знаю, почему он мне мстит. Вольдемар Аркадьевич, он меня домогался. Пьяный, грязно, подло домогался.

Сталин. Лаврентий...

Берия. Клевета!

Валентина. Докажи!

Берия. Как я докажу, что чего-то не делал?!

Сталин. Блестяще. Веет сталинизмом, как мы и хотели! Лаврентий, а докажи-ка невиновность! Скорей! Скорей, пока я тебе ещё верю. Ну же... Ну!.. Всё. Вера утрачена. Ты предатель, Лаврентий. Ты враг. Да шучу я, что вы, ей-богу. Новости у меня для вас, Лаврентий и Никита. Не то чтобы плохие. Творческие новости, а они не имеют ничего общего с моралью. Примите их с открытым актёрским сердцем. Хрущёва и Берии в новом спектакле не будет.

Валентина. Печально.

Берия. Иосиф! Я не верю...

Хрущёв. Вольдемар Аркадьевич, это трагедия.

Сталин. Понимаю.

Хрущёв. Мы так мечтали об этих ролях...

Сталин *(с грузинской интонацией).* Театр это империя. Что такое одна маленькая актёрская судьба в сравнении с судьбой целого театра? Решение принято. Ваши таланты понадобятся в будущем. Сейчас не время. *(Молодому Сталину и Валентине.)* Итак, юный Сосо, любимая Кеке, не отвлекаемся, продолжаем. *(Хрущёву и Берии.)* А вы ступайте в зрительный зал...

Молодой Сталин. Ты здорова?

Валентина. Сосо, ты курочку помедленнее ешь...

Берия и Хрущёв уходят.

Сцена восьмая.
Коршуны сталинизма и соколы либерализма

Берия и Хрущёв.

Берия. Курочку попробуй...

Хрущёв. Ты здоров?

Мрачно смеются.

Берия *(передразнивает Вольдемара Аркадьевича).* Империя в вас не нуждается, судьба театра важнее ваших судеб... Он думает, что он и есть империя? Что он и есть театр?

Хрущёв. Трагедия, трагедия...

Берия. Театр погибает, Никита. Теперь это ясно, как и то, что нам в спектакле не бывать.

Хрущёв. Как больно... Не могу поверить.

Берия. И что? Будем сидеть на премьере среди зрителей? Аплодировать и глотать слёзы? Этого мы два года ждали? Страшно мне.

Хрущёв. Чего?

Берия. Мыслей моих боюсь, Никита.

Хрущёв. Озвучь.

Берия. Вольдемар толкает империю в бездну.

Хрущёв. Трагедия.

Берия. Мы с тобой, Никита, Гималаи... А эти все актёришки... Лебезят, лишь бы рольки свои сохранить.

Хрущёв. Смотреть противно.

Берия. Знаешь, как я называю стиль, в котором Вольдемар собрался работать? Он, кстати, давненько в нём уже творит. С перепугу. «Ни-богу-свечка-ни-черту-кочергизм». Или — «никакизм». Очень современный, кстати, стиль, для тех, кто хочет сохраниться. Вольдемар уже делал такие спектакли, где самоустранялся. Но тут случай особый и опасный, Никита.

Хрущёв. Особый и опасный, Лаврентий.

Берия. Знаешь, что это будет за премьера? Это будет премьера выдающегося инстинкта самосохранения Вольдемара Аркадьевича. Во всём этом участвовать — противно. Гадко.

Хрущёв. Да?

Берия. Наш император обезумел. Я это увидел ещё вчера, когда начались потрясения с телеграммами. Болезнь пошла быстрее, чем я думал. Но не быстрей, чем я пишу. Я всё предвидел. *(Достаёт из кармана два листа.)* Тут будет стоять и твоя подпись, Никита. И когда Вольдемар падёт, нас за собой в бездну он не утащит! Тут два... Доноса. Один — в организации антисталинские. Второй — туда, где Сталина чтут и обожают. Наш местный Сталин думает, что всех перехитрил. Думает пробежать меж струек сталинизма и антисталинизма, угодить и нашим и вашим! Выдать немоту за высказывание, испуг за объективность, страх за нейтралитет, а творческой тупик за глубокие размышления!.. Но вот эти доносики... Они изменят оптику, сделают острее взгляд. Покажут слабые места — и сталинистам, и либералам. *(В восторге.)* На Вольдемара набросятся коршуны сталинизма и соколы либерализма! А мы в стороне будем стоять, пока они его косточки будут глодать.

Стоять и нашёптывать: не больно вам, Вольдемар Аркадьевич? Кажется, вам глаза выклёвывают? Ах, уже? А что сейчас? *(Качает головой.)* Селезёнку... Как печально... Ну? Ты со мной?

Хрущёв. Не. Я пошёл.

Берия. После всего, что мы сказали?

Хрущёв. Я только слушал, Лаврентий.

Берия. А подпись? Подпись? Ты погибнешь! Вместе с ним! Дурак, тебя же роли только что... Дурак!

Хрущёв уходит. Берия устремляется за ним.

Сцена девятая.
«А может, расстрелять вас всех в столовой?»

Вольдемар Аркадьевич и Терентий.

Терентий. Я понимаю, театр — это компромисс. Я не предлагаю ставить всю пьесу, целиком, я не безумен, и понимаю, что на вас давят...

Сталин. Ты заблуждаешься, Терентий. Ты как ребёнок просто. Давят... Кто может надавить на Вольдемара? Знаешь, какого следует придерживаться принципа? Сначала думаем, потом говорим. Люди, которые делают наоборот, живут проблемно, кратко и печально.

Терентий. Хорошо! Пусть не давят.

Сталин. Да уж пусть, Терентий.

Терентий. Но не двадцать же процентов текста ставить? Хотя бы половину. Иначе уходит интонация, уходит смысл, и я перестаю понимать, о чем вы сейчас ставите, кто такой ваш... наш Сталин, зачем мы все собрались, не понимаю... Подрожать от страха и показать всем, как мы испугались? Давно умершего правителя?

Сталин. Ты все-таки ребёнок. Это плохо. Потому что ты не ребёнок.

Терентий. Вольдемар...

Сталин. Ты знаешь, как страдает наш Никита? Он только что бился головой о доску распределения ролей. Не увидел там своей фамилии и начал биться. Пробил доску. Голову пробил. *(Достаёт бумагу и протягивает Терентию.)* Распределение ролей. В крови Никиты. Возьми.

Терентий. Зачем?

Сталин. Чтобы ты драму ощутил. Настоящую, а не умозрительную. Приступ у Никиты был, скорую вызывали. Подозрение на инсульт у него. А он все равно в театре остался. Голову платком обвязал и остался. Надеюсь, говорит, исполнить долг актёра и гражданина. Вот так, Терентий. Ты слышал, как он поёт? Напиши ему крохотную рольку, чтобы попел со сцены наш больной человек.

Терентий. Какую роль, чтобы попел...

Сталин. Где-то на внезапной лужайке неожиданный певец услаждает слух будущего диктатора... Ты лучше меня придумаешь, где можно петь, тут я тебе не советчик, тут полная твоя власть. Только спаси Никиту.

Терентий *(пожимает плечами).* Тогда и Берию спасать.

Сталин. О, нет! Берия предатель. Он в карцере сейчас.

Терентий. Что-что?

Сталин. Никита предложил! В шутку поначалу, а потом все увлеклись... Никита больше всех: обязательно, кричал, закуйте его в кандалы. *(Смеётся.)* У нас комнатка такая есть, гримёрка давно умершего актёра, не отапливаемая. Сейчас Лаврентий там прохлаждается. Вопит. А что делать? Иначе разнесёт по городу до премьеры бог весть что. А Никиту наградить надо. Пусть поёт. Он заслужил.

Терентий. Про карцер — шутка?

Сталин. Тебе на пятом этаже ничего не нужно?

Терентий. Что мне там делать?

Сталин. Тогда шутка. *(Терентий поднимается, чтобы уйти).* Думай о Никите, думай о нашем певце. Об актёре и гражданине думай! *(Терентий уходит, Вольдемар Аркадьевич поёт на грузинском.)* Где же ты, моя Сулико... *(Надевает на себя белый пиджак генералиссимуса, закуривает трубку.)* Кругом ослы, козлы и землеройки. И не с кем говорить. *(Входит в роль, говорит с акцентом.)* Кругом ослы, козлы и землеройки. И не с кем говорить. Я одинок, как сам Господь. Кругом предатели. Нож за спиной у каждого. Знают ли они, как тяжело быть императором? И как печально видеть вокруг себя лишь рыла. Ни одного лица. *(Появляется Ленин.)* Да, тяжела ты, кепка Ильича... *(Смеётся.)*

Ленин. Иосиф, я не могу поверить.

Сталин. Что я тебя когда-то отравил? Ты верь. Не сомневайся.

Ленин. Ты и меня снял? Ты роль! Ты роль мою...

Сталин. Историческую?

Ленин. Я ухожу.

Сталин. К сожалению, до премьеры выход из театра невозможен. На ближайшие три недели мы все — одна большая, жуткая семья.

Ленин. Если не будет роли, зачем я здесь?

Сталин. Цементировать. Укреплять. Молчать.

Ленин. Уйду!

Сталин. Сомнения мои в твоём уходе равны моей печали.

Ленин. Какой печали? Да что с тобой?

Сталин. Сними ты лысину уже. Какой ты Ленин. Ты так, Захарка, и не надо притворяться...

Ленин. Какой я Ленин? Да никакой.

Сталин. Вот именно. Вот именно. Тут ни один не дотянул до своего героя. Я пока ещё решаю насчёт спектакля. Быть может, и тебе найдётся место. А пока ступай. Все ночуют в главном ресторане.

Ленин. Что? Ты что, серьёзно? В ресторане на пятом этаже?

Сталин. Нет. На пятый не ходи, там вопли неприятные. А ты у нас эстет. На шестом у нас главный ресторан. *(Крестится, повернувшись к иконе.)* Господи! Эти люди работают в театре десятилетиями, но так и не удосужились запомнить, что на каком находится этаже. И с такими людьми, Господи, ты предлагаешь мне создавать великий спектакль? С такими людьми ты предлагаешь мне строить лучший театр в мире? Да не вернее ли их всех расстрелять в столовой? И набрать новых людей? Чистых людей? *(Поворачивается к Ленину.)* Пшёл в ресторан. Я приказал бесплатный ужин разогреть всем вашим.

Сцена десятая. «Не верьте, Вольдемар! Это монтаж!»

Ресторан. Накрыт стол. Актёры и Терентий едят в молчании. Иногда раздаются крики Берии.

Терентий. Я пробовал его вызволить.

Ленин. Зачем?

Терентий. То есть как?

Хрущёв. Да он в восторге, что его прикрыли. А то бы натворил дел, потом бы плакал, извинялся.

Терентий. В каком восторге — он вопит.

Валентина. Достоинство-то надо сохранить.

Ленин. Да, сохраняет знатно.

Берия. О, без вины страдаю, без вины!

Пауза.

Терентий. Я, наверное, уйду.

Валентина. Так двери все закрыты.

Терентий. Вы пробовали их открыть?

Валентина. Мы знаем, что они закрыты.

Хрущёв. Указ висит.

Валентина. Я помогала составлять.

Терентий. Что происходит?

Хрущёв. Нормальный рабочий процесс, что вы, собственно, возмущаетесь. Эти авторы... Написали для меня сцену? Вам говорил Вольдемар Аркадьевич, что я должен петь? Много и обильно? Вот и пишите. Времени навалом. Вольдемар Аркадьевич распорядился, чтобы вы спали на кухне, отдельно, не то, что мы — между столами.

Терентий. Берите любого персонажа и пойте.

Хрущёв. А можно?

Терентий. Делайте что хотите. Мне уже все равно.

Берия *(за сценой).* Вольдемар Аркадьевич! Молю! Хоть маленькую роль... Прошу прощения за помутнение... Спасибо вам за заточение...

Валентина. Вот это голос.

Берия. Я искуплю! Я осознал!

Хрущёв. Настоящий дар. Сквозь такие стены проникает!

Входит Вольдемар в полном сталинском облачении. Рядом — Берия.

Сталин. Я его простил. Он обещал мне навести порядок среди вас.

Берия. Я оправдаю.

Сталин. Знаю.

Берия. Мой первый преданности жест: вот Валентина.

Валентина. Что Валентина?

Берия. Мы все были уверены, что она любит только вас. Мы это чувство даже разделяли. А оказалось... *(Раскрывает папку.)* Мне только что прислали эти фото со второго этажа. Ребята классные, они давно хотели поработать. Я предлагаю там открыть тюрьму, надзиратели уже готовы. Уютную, с удобствами, не надо паники. Так вот: это наша Валя с гримёром. Видите... Накладывает, так сказать, грим... А это с кларнетистом... Видите... Мелодию пытается извлечь... Эх, Валя, Валя...

Валентина. Не верьте, Вольдемар! Это монтаж! Я только вам...

Сталин *(рассматривает фото в папке).* Роль матери из пьесы изымается. Юный Сталин в начале спектакля встречается с отцом.

Молодой Сталин. С отцом это правильнее. Тогда появится религиозный оттенок, на мой взгляд. Бунт против отца в высоком смысле. Не фрейдистском.

Сталин *(обнимает Берию).* И этот отец — перед вами. Терентий, не бледней, там и менять-то ничего не надо. Род женский на мужской...

Берия. Сменю. Проблема нулевая.

Сталин. А потому что текст универсальный. Великий текст. Читаю и рыдаю. У всех вино в бокалах?

Валентина. Вольдемар! Вы шутите про роль?

Сталин. Нет больше Вольдемара. Распустились. Гримёры, кларнетисты... Где ты кларнетиста тут нашла? Кто из вас играет на кларнете?

Берия. Выясним немедля.

Терентий *(встаёт).* Всё! Всё! Снимите фамилию с афиш! Ставьте мой полный текст или снимайте мою фамилию с афиш... (Убегает.)

Сталин. Вы хоть знаете, как его фамилия? И я не помню. Тоже мне событие. Снять то, чего нет. *(Кричит вслед.)* Снимем, снимем, пропадай пропадом, идиот. Тупая бездарность. Такой текст любой из нас напишет. Да хоть ты, Никита.

Хрущёв. А можно...

Сталин. Вот именно. Текст, где ты будешь петь — садись и пиши, у тебя вся ночь.

Берия. А как Терентий выйдет, если двери заперты?

Сталин. Мне все равно. Он человек погибший. Он эмигрант. Он отщепенец. *(Берия что-то шепчет ему на ухо.)* Нет, не верю... *(Грозит пальцем.)* Лаврентий! Все роли хочешь сыграть? Жадность — это плохо. Давай, извинись перед всеми. Нехорошо сейчас мне в ухо шептал.

Берия. Простите меня, дорогие. Это не со зла, это от какого-то восторга. Вот чувствую — несёт, несёт, несёт... *(Вдруг начинает петь большевистскую песню. Вступает Никита, в его пении слышны религиозные ноты. Вдруг в молитвенных славословиях возникает имя Вольдемар, потом Иосиф, потом снова Вольдемар. Режиссёр становится на стол. Все актёры поют настоящую церковную молитву во славу Иосифа.)*

Сталин. А было! Было и прекрасное в пьесе тупицы! Вот там, в финале... Помните... Когда вы просите друг друга расстрелять... А ну-ка!

Актёры начинают по очереди выкрикивать:

Товарищ Сталин!

Мы просим!

Мы требуем!

Повысить квоты на расстрелы!

В Кирове — на восемьсот человек!

В Новосибирске — на две тысячи!

В Ленинграде на полторы!

Государственная необходимость!

Государственная необходимость!

Государство нуждается в трупах!

Ему нужны заключённые.

И мёртвые.

В Хабаровске – на пятьсот человек!

В Горьком – на тысячу!

Товарищ Сталин!

Просим!

Требуем!

Повысить квоты!

Миллионы, окружённые холодом.

Миллионы, смешанные со снегом.

Миллионы, сожранные тьмой.

Просим!

Требуем!

Умоляем!

Репрессии необходимы! Время такое!

И что за повышенный интерес именно к репрессиям?

Не надо истерики!

Политика её не терпит!

Мы что, в войне не победили?

Мы что, не победили пространство?

Не заселили людьми непригодные для жизни территории?

Мы что, не проложили дороги туда, где раньше стояли лишь леса?

Где раньше жили только звери?

Мы что, не создали на глазах изумлённого мира великое и страшное государство?

Миллионы, окружённые холодом.

Миллионы, смешанные со снегом.

Миллионы, сожранные тьмой.

Не надо истерики!

Заткни им рты величьем государства!

Человек – ничто, государство – всё.

Человек – ничто, государство – всё.

Человек – ничто, государство – всё.

Сталин. За наш театр!

Все. За наш театр!

Сцена одиннадцатая. «Не надо охать, господа»

Появляется человек из министерства.

Человек из министерства. Меня не пропускали! Пришлось охрану вызывать. Потом подмогу для охраны. У вас тут прямо крепость.

Сталин. Выпьете, мой друг?

Человек из министерства. А почему же нет. *(Выпивает.)* Знаете... Оказалось, мне не очень точно передали слова президента. Так бывает. Не надо охать, господа. Все от этого страдают, не вы первые, не вы последние.

Ленин. Господи...

Человек из министерства. Я же просил! Понимаете, наш президент уже пилотировал сверхзвуковой самолёт, взмывая в небеса, опускался на батискафе в мрачные глубины океана...

Валентина. Я видела. Бесподобно.

Человек из министерства. ...Играл на рояле в Большом зале Консерватории.

Хрущёв. Гениально играл. Мы ему подпевали тогда у телевизора.

Берия. Помню как сейчас!

Человек из министерства. А вчера утром мечтательно так сказал: «Как было бы прекрасно, если бы Вольдемар Аркадьевич позволил мне поставить этот спектакль. У меня неоценимый опыт: кому же, как не мне?» Нальёте? Вольдемар Аркадьевич? Нальёте?

FINITA.

Artur Solomonow, geboren 1976 in Chabarovsk, Russland, ist Schriftsteller, Journalist, Dramatiker und Theaterkritiker. Er lebt seit 1993 in Moskau und studierte Theaterwissenschaft. Das Studium schloss mit der Dissertation *Dostojewski und das zeitgenössische Theater* ab.

Nach seinem Abschluss verbrachte er ein Jahr in Berlin und studierte deutsches Theater. Nach seiner Rückkehr nach Moskau begann Solomonov seine Karriere als Theaterkritiker. Über tausend seiner Rezensionen und Kolumnen, darunter Interviews mit prominenten Persönlichkeiten des europäischen und russischen Theaters, erschienen in den einflussreichen Moskauer Medien (den Zeitschriften *Theater und Theaterleben*, den Zeitungen *Gazeta*, *Iswestija* und *Wedomosti*). Einige Jahre später wurde er Chefredakteur der Kultursektion des Magazins *New Times* sowie Leiter der Abteilung für Sonderprojekte und der Öffentlichkeitsarbeit des Fernsehsenders Culture TV.

Im Jahr 2010 begann er in Indien die Arbeit an seinem ersten Roman *A Theatrical Story*. Er spielt in einem der führenden Theater Moskaus und reagiert auf die schmerzlichen und problematischen Facetten der modernen russischen Realität, einschließlich des übergreifenden Einflusses der orthodoxen Kirche, der Homophobie und der ewigen Abhängigkeit des ›kleinen Mannes‹ von den Machthabern. Über den Roman erschienen bislang mehr als hundert Rezensionen in Russland und im Ausland.

Danach verfasst Solomonov das umstrittene politische Stück *Gottes Gnade*. Es wurde auf der 8. Biennale für dramatische Kunst in London mit einem der Hauptpreise ausgezeichnet, dem besten politischen und sozialen Theaterstück. Das Stück wurde in den Moskauer Bojarenkammern (Boyiarskie Palaty STD) und im Buinsker Dramatischen Theater aufgeführt.

Im Jänner 2019 verfasste Solomonov das Stück *Als wir Josef Stalin begruben*.

Artur Solomonov, born in 1976 in Khabarovsk, Russia, is a writer, journalist, playwright and theatre critic. He has lived in Moscow since 1993 and studied theatre studies. He completed his studies with a dissertation on *Dostoevsky and Contemporary Theatre*.

After graduating, he spent a year in Berlin studying German theatre. After returning to Moscow, Solomonov began his career as a theatre critic. Over a thousand of his reviews and columns, including interviews with prominent figures in European and Russian theatre, appeared in influential Moscow media (the magazines *Theatre and Theatre Life*, the newspapers *Gazeta*, *Izvestia* and *Vedomosti*). A few years later, he became editor-in-chief of the culture section of *New Times* magazine, as well as head of the special projects and public relations department of Culture TV.

In 2010, he began work on his first novel, *A Theatrical Story*, in India. Set in one of Moscow's leading theatres, it responds to the painful and problematic facets of modern Russian reality, including the overarching influence of the Orthodox Church, homophobia and the eternal dependence of the ›little man‹ on those in power. More than a hundred reviews of the novel have appeared so far in Russia and abroad.

Solomonov then wrote the controversial political play *God's Grace*. It was awarded one of the main prizes at the 8th Biennale of Dramatic Arts in London, the best political and social play. The play was performed at the Boyiarskie Palaty STD in Moscow and at the Buinsk Dramatic Theatre.

In January 2019, Solomonov wrote the play *How We Buried Stalin*.

Артур Соломонов – писатель, журналист, драматург, театральный критик. С 1993 года живет в Москве. Учился в ГИТИСе, защитил диплом на тему «Достоевский и современный театр». После окончания университета провел год в Берлине, изучая немецкий театр. Вернувшись в Москву, Соломонов сотрудничал с ведущими столичными изданиями, возглавлял отдел культуры в журнале The New Times и работал на телеканале «Культура». Автор нескольких сотен колонок о театре и рецензий на спектакли, а также интервью с ведущими российскими и европейскими деятелями театра.

В 2010 году ушел со всех работ и уехал в Индию, где начал писать свой первый роман «Театральная история». Роман был издан четырьмя тиражами и с большим успехом поставлен на московской сцене. «Театральная история» затрагивает самые болезненные стороны современной российской жизни: всепроникающее влияние православной церкви, гомофобию, вечную зависимость «маленького человека» от власть имущих. К настоящему времени в России и за рубежом появилось более ста рецензий на роман.

В 2016 году Соломонов написал пьесу «Благодать», которая была удостоена одного из главных призов на 8-й Биеннале драматического искусства в Лондоне (номинация «Пьеса на общественно-политическую тему»).

«Благодать» была поставлена в СТД (Боярские палаты) в Москве и в Буинском драматическом театре.

В 2019 году Соломонов написал трагифарс «Как мы хоронили Иосифа Виссарионовича».

Lightning Source UK Ltd.
Milton Keynes UK
UKHW030731180322
400272UK00009B/743